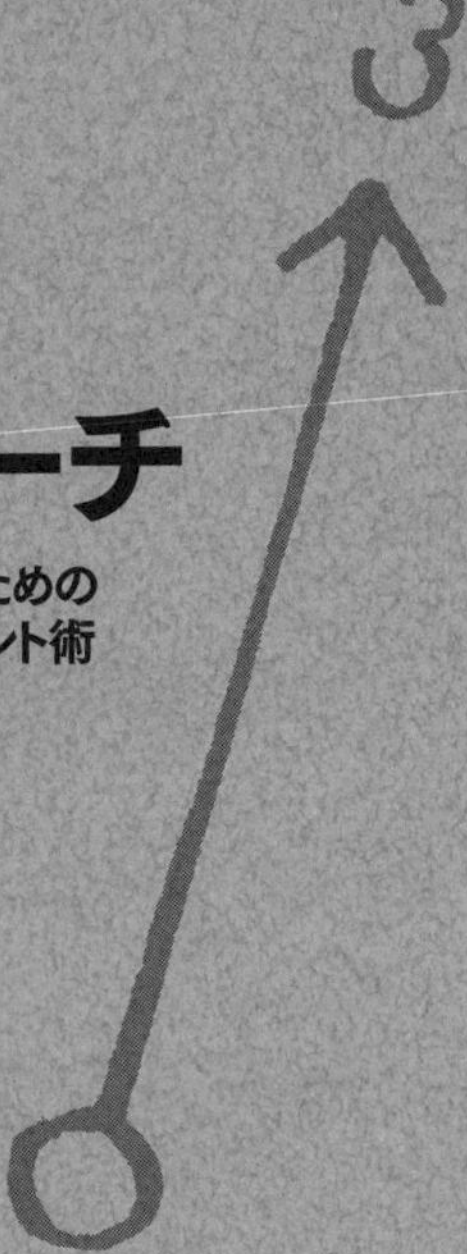

3分間コーチ

ひとりでも部下のいる人のための
世界一シンプルなマネジメント術

国際コーチ連盟（ICF）マスター認定コーチ
伊藤 守

Discover

三分間コーチ

はじめに

コーチ型マネジャーと二つの時間

最近は、企業のマネジャーのほとんどが、プレーイング・マネジャーとして、マネジャーとプレーヤー両方の役割を担っています。マネジメントの仕事だけではなく、自分自身にもノルマが課せられています。

このため、マネジャーといえども、いったん自分が達成すべき数字を持てば、当然、数字を優先させます。部下がどれだけ成長したかを測る指数というものがはっきりしているわけではないため、マネジャーの部下育成の技量はあまり評価されないという現実もあります。こうして、部下育成は後手に回るようになります。

しかし、それでは、今は数字が上がっていても、部下が育たないことによって、やがて業績は下がってしまうでしょう。現実に、ここにきて、高い離職率、品質の低下、納期の遅れ、仕事の進捗が見えないこと、チームワークの低下、社員の利己的な態度などが問われるようになりました。マネジャーの不在がクローズアップされています。

実際にマネジャーがいない。マネジャーはいるが、マネジメントはない。部下にマネジャーとして認められていないのです。

部下の育成、業務管理、優れたチームワークは、マネジャーのマネジメント能力に負うところが大きい領域です。しかし、マネジャーが実際にマネジメントする段になって、どう部下とコミュニケーションを交わすかという壁に行き当たり、そこで停滞してしまうケースが少なくありません。

にもかかわらず、部下とどのようにコミュニケーションを交わすかについて、マネジャーを教育している企業は多くはなく、そういうことは、できて当然というところへ追いやられています。また、これまでは、上司という「権威」からものを言うことができましたから、とりたてて組織内でのコミュニケーションの必要性が問われなかったという事情もあります。

しかし、状況は変わりました。「権威」を振りかざせば、部下は会社を辞めてしまうのです。不況にもかかわらず、新入社員の三割は、三年以内に辞めてしまいます。彼らとコミュニケーションを交わす能力、彼らを未来に向けて育てる能力が求められているのです。そのことが、企業の存続に関わってきています。

〈三分間コーチ〉は、今すぐ可能なマネジメント手法として考えられました。一回に三分ぐらい、コーチとして部下と話す、というマネジャーにも部下にも負荷のかからない関わり方、そして、お互いに効果の上がる方法として考案され、実際に試され、効果を上げている方法です。

マネジメントの手法については多々述べられていますが、どこで、どう使ったらいいのか判断に困るものが少なくありません。これに対し、**〈三分間コーチ〉**は、次の**〈二つの時間〉**をとることを最優先させた、きわめてシンプルなマネジメント手法です。

ひとつは、部下について考える時間をとる。

もうひとつは、部下と的を絞った短い会話をするための時間をとる。

三分がむずかしいのであれば、一分でもいい。とにかく部下と関わる時間をつくることを最優先させたマネジメント手法です。

いつ、どの場面で部下と関わるのかと、考える必要もありません。一般に共通して、部下が上司とのコミュニケーションを求める場面というものがあります。その場面について知っていれば、そのとき、その場で、部下とコミュニケーションを交わすことができます。そして、そのとき、目の前で起こっていることをテーマに会話を交わすのです。

では、具体的には、どんな場面で、どんなふうに？

それは、これから本書の中でお話しします。本書を読んだあと、実際に、あなたの職場で、あなたが部下と関わるのによい場面が見えてくるようになるはずです。その場面が見えてくれれば、あなたと部下の双方に負担なく、しかし、驚くほど効果的に、部下を育成していくことができます。

もちろん、三分という短い時間の中で最大の成果をあげていくためには、いずれ、コーチングのスキルを学ぶ必要はあるでしょう。しかし、まずは、部下と関わり、コミュニケーションを交わすこと。そののちに効果的なスキルを学ぶことが現実的だと思います。

やがて、近い将来、つねに、必要なその瞬間、その場で、三分間の質の高い会話〈**コーチング・カンバセーション**〉を軽やかに交わす〈**三分間コーチ**〉、すなわち〈**コーチ型マネジャー**〉が、日本はもちろん、国際社会の随所で活躍するようになるでしょう。

伊藤　守

contents

◉目次

第1章◉この三分間が組織を変える！

第2章 ◉ その瞬間をつかまえる

第3章◉そこに、その〈場所〉をつくる

第5章 ◉ コーチ型マネジャーの時代

3 コーチ型マネジャーの時代

第1章

この三分間が組織を変える！

1　二つの時間をつくる

なぜ期待したとおりに仕事は進まないのか？

「ヴィジョンや戦略が計画どおり実行されない」
「部下が育たない」
「仕事の進捗や状況がよく見えない」
「納期が守られない」
「品質が低い」

多くの企業が、多かれ少なかれ、こうした課題をかかえているものと思います。そこで、システムの導入や仕組みづくり、風土改革、社員研修が、提案され試みられます。どれも、アイデアレベルでは期待させるものです。ところがいざ、それを実行に移してみると――結果が思ったように出るわけではありません。

たしかに、システムや仕組みは大切です。けれども、それだけで会社組織が変わるわけではありません。ともすると、いいアイデアや計画は、それだけで、目標を達成し、ビジョンを実現してしまう力を持っているかのような錯覚をもたらします。

しかし、それらを実行し、実現するのは、システムや計画そのものではなく、〈人〉なのです。あくまでも、人が行うことなのです。実際にそれを行う人を不在にしたアイデアや計画が実現するはずもありません。

実際の仕事は〈人〉が行っているものです。

そして、人は、計画したとおりに動くわけではないのです。

アイデアや計画の段階で、それを行う一人ひとりの社員の適性や志向性、感情や欲求がどう働くかについて論じられることはあまりありませんが、実際には、社員一人ひとりには、それぞれ得意不得意があります。さらに、社員は生身の人間ですから、それぞれの持つ感情や欲求が仕事に大きく影響します。全員に同じ行動を、ロボットのようにつねにむらなく求めることには、もともと無理があります。これらのことは当然わかっているはずです。ところが、計画の段階では、それは排除されてしまうのです。

けれども、もし、ほんとうに事業計画どおりに業務を遂行しようとするのなら、業務に関する知識以上に、人間に対する知識が必要です。

人間はどうしたら、アイデアや計画を実行に移せるのか？
社員が、自発的に、喜んで、情熱を傾けて、仕事に取り組んでいくようになるために、何ができるのか？

これらについての知恵が求められているのだと思います。それも、人間一般、社員一般、部下一般ではなく、目の前の自分の一人ひとりの部下についての知識と知恵が求められているのだと思います。

3秒間ナレッジ ❶

実際の仕事は〈人〉が行っているもの。
そして、人は計画したとおりに動くわけではない。

マネジャーが日々遭遇していること

マネジャーは、会社のアイデアを実行に移す要です。マネジャーによるマネジメントがなければ、会社組織は動きません。人も育ちません。会社にとってマネジャーによる社員のマネジメントは、会社のすべてを機能させる「てこの支点」になっています。

しかし、会社によっては、「はじめに」でも述べたように、マネジャーが不在であったり、マネジャーはいても、マネジメントがなかったり、部下からマネジャーとして認められていないというケースも見られます。そもそも、マネジャーは何をしているのか？　マネジャーの責任範囲はどこまでなのか？　これらについての認識が、部下との間で、共有されていない可能性もあります。

では、マネジャーとは、いったい何をする人なのでしょうか？　次にあげるのは、マネジメントに必要な事項、つまり、一般にマネジャーに求められるタスクです。

1　スケジュール管理とタイム・マネジメント

対象となる仕事の完成に必要な要素を細かく分析し、成功するように手を打ち、個々の作業をメンバーに割り当て、その進捗を確認する。このため、部下がその仕事に力を集中できるよう環境を整え、仕事が予定どおりに進んでいるかについて定期的にレビューする。

2　実施戦略の立案

仕事の優先順位を決める。部下一人ひとりの能力とスキルを明らかにし、仕事全体を実施可能な状態にする。

3　リスク・マネジメント

仕事上、対顧客上、運営上、生じるさまざまなリスクに備え、できるだけ早い段階で手を打ち、対応する。

4　判断

仕事の進行中に必要な決定を行う。自分で決められないケースは決定権者に依頼する。

5　部下育成

部門またはチームとしての長期的な仕事を考慮し、必要なスキルを洗い出して、部下に身につけさせる。と同時に、それがどの程度身についているか、また、実績はどうかという、部下に対する「評価」も行う。

以上が、マネジメントのおもな要素ですが、実際には、組織や相対的地位に応じて、ほかにもいろいろ、マネジャーとしての役割があることでしょう。この全部を一つひとつ実行していくためには、どうしても、協力的な部下が必要です。

しかし、現実にマネジャーが日々、遭遇しているのは、次のような課題です。

①　指示待ち・受け身の部下の自発性をどう高めるか？
②　報告・連絡・相談をしない部下とのコミュニケーションをよくするには？
③　納期を守らない、遅刻をする部下にどうやって責任感を持たせるか？
④　営業が苦手で萎縮している部下を行動させるには？

⑤ 現場や他部門と話をしない部下のコミュニケーションを促進するには？
⑥ 目標やビジョンを持てない部下への関わり方は？
⑦ 仕事に自信がない部下に自信を持たせる関わり方は？
⑧ 顧客志向のない部下の顧客意識を高めるには？
⑨ 会議で発言しない部下が発言できるようになる関わり方は？
⑩ 自分の利益にしか関心がない部下に、会社に関心を持たせるには？
⑪ 自分にしか興味がなく、後輩を育成しない部下の意識を変えるには？
⑫ 自己主張が強く、人の話を聞かない部下の協調性を高めるには？

これらの課題への対応に、マネジャーは日々頭を悩ますことになるのです。そのためか、最近は、「マネジメントから離れて、専門職につきたい」という声もよく耳にするようになりました。

けれども、これらの課題はこれまでにもありました。従来からずっと続いてきた課題です。にもかかわらず、これらのことが、今なぜ、特にマネジャーたちを悩ませているのでしょうか？

　ひとつには、従来のマネジメントの方法、つまり、上司が部下に対し、権威や力で一方的に強制する方法が通用しなくなってきていることがあげられます。権威に依存しないで部下を動かし育成していく、より高度な能力が、一人ひとりのマネジャーに求められるようになってきているのです。

　その能力の重要なひとつが、コミュニケーションの能力です。コミュニケーションによって部下を育成していく能力です。そして、このコミュニケーション能力について語るとき、必ず出てくるのが、コーチングの発想であり、スキルです。最近では、ほとんどのマネジャーが、多かれ少なかれ、コーチングに関する知識を持っているようです。しかし、それでは、それが十分に部下の育成に生かされているかというと、そうとも限らない、それが現実でしょう。

　どうしたら、ただでさえ忙しい、自分の日々の業務を止めずに、部下と関わり、部下を有能にしていくというミッションを果たすことができるのか？　その過程で、マネジャー自身もまた有能になっていくには？

本書でご紹介する〈三分間コーチ〉は、そうした課題に応える、もっとも現実的な方法として考えられました。すでに一部の企業で実行され根付きつつある、最新のＨＲＭ（ヒューマン・リソース・マネジメント）手法です。集中的、継続的、長期的に実践されることによって、部下はもちろん、マネジャー自身も有能になっていきます。

新しい習慣を身につける場合、何でもそうであるように、重要なのは、

理解➡実践➡理解➡実践➡理解➡実践➡……

のサイクルです。試してみながら読み進んでいくと、効果的だと思います。

部下と話す時間をつくる

さて、部下とのコミュニケーションというと、まず、どのように話したらいいのか、何を話したらいいのか、あるいは、どのように聞いたらいいのかということがとりあげられがちです。命令するのではなくて部下が自発的に仕事をするようになるためには、一方的

に話すのではなく部下の話を聞くこと、それもただ聞くのではなくて傾聴が大事だ、それには、こういう方法がある……といった具合で、書店に行けばスキル集が花盛りです。

たしかに、スキルも大切です。けれども、それがほんとうに根付くには、それ以前に重要なことがあります。それは、まず、部下と会話する時間を持つことです。

当たり前のようですが、コミュニケーションの内容をとやかく言う以前に、そもそもコミュニケーションがない、もしくは、圧倒的に少ない、時間をとりたくても時間がとれない、話すきっかけがつかめない、というのが、多くの上司の現状ではないでしょうか。

このため、〈**三分間コーチ**〉は、まず、部下のために時間をとる、そのための知恵に重点を置きます。

三分の時間を、その人のためにとる。
ついでではなく、その人と話すという目的を持ってつくることです。

何をどんなふうに話すかなんてことはあとでかまいません。条件がそろえば、会話は必然的に起こりますから。それよりも、まず、三分の時間をとることです。なぜなら、三分の時間をその人のためにつくること自体が、「きみはチームの大事な一員だ。きみの成長を望んでいる。きみは認められている」というメッセージを送ることになるからです。

情報の収集と伝達だけがコミュニケーションの目的なのではありません。それ以前に、相手を認め理解しようとすること、つまり、コミュニケーションは、それを交わすことそのものが目的なのです。

今、その場で、その瞬間に！

部下との時間をとるのに、わざわざアポをとったり場所をとったりする必要はありません。廊下で立ったままでも、相手のデスクの横でも、ときには電話でもいいでしょう。〈三分間コーチ〉にとって大切なもうひとつのポイントは、仕事の動きを止めないこと、業務の流れに沿って行うことです。

営業から帰ってきたとき、

「今日はどうだった？」

新しい役割にまだなじんでいないとき、

「仕事、慣れた？」

企画書を書いているとき、

「どこまでできた？」


業務の流れに沿って、今その場で、目の前に起こっていることについて話すこと、お互いに、見てわかる、聞いてわかる、触れてわかることをテーマにすること、これはコーチングの基本でもあります。この基本を満たすものであるとき、三分間の会話〈**コーチング・カンバセーション**〉は、新しい視点を持つのに十分な時間となります。

3秒間ナレッジ ❷

何を話すかよりも、三分間をその人のためにとる、そのこと自体が、あなたがその人を大事にしていることを伝える。

ある大手食品会社のマネジャーは、朝、何も言わずにすーっと入ってきて席につく部下がいたら、これは何かあるに違いないと、その場で声をかけるそうです。そのタイミングを逸してしまうと、三分ですむ話が一時間二時間になってしまうからと。

そして、部下のほうから「マネジャー」と声をかけてきたときには、しまったと思うそうです。なぜ彼の様子にもっと早く気づいてやれなかったのかと。

「部下の変化を観察していて、そのサインを見逃さない」とは、よく耳にすることばですが、それは口で言うほど簡単ではありません。四六時中、部下を観察しているわけにもいかないのですから。結局、あきらめてしまうことになります。

で、現実的な方法は、毎日、部下と会話することです。その過程で、部下から直接聞くこともできるでしょうし、こちらから聞くこともできます。

部下について考える時間をとる

部下がコーチを求めているとき（多くは、当の本人は気づいていませんが）をキャッチするためには、部下の日々の業務内容やその進捗状況を知っていることが前提となります。

このとき、お互いの間に信頼関係が築かれていれば、もっといい。

そのためには、コーチングの時間をとると同時に、もうひとつの時間——部下について考える時間をとることが必要です。何かあったときではなく、ふだんから、部下についてだけ考える時間が必要なのです。

——今、必要としているスキルは？

——強みは？

——どんな能力を持っているか？

——今の仕事を選んだ動機は？

——過去の成功体験は？

——今、どういう状態にいるのか？　どこを向いているか？

——どんなときに、いちばん力を発揮するのか？

部下について考えるということは、部下のデータベースをつくることとイコールです。

部下について知っておく必要のあることのリストをつくり、それを満たします。

ある水産会社の常務は、毎日の部下とのやりとりを日記につけています。そして毎朝、一年前の同じ日付の日記を読んでから出勤し、その日記をもとに、たとえば、「今日、たしか誕生日だったよね」とか、「以前のきみは、こういうことで悩んでいたけれど、ずいぶん仕事の質が上がっているね」と、さりげなく声をかけるといいます。

彼は、全国を飛び回り、地方にいる部下ともできるだけ直接会って話すよう努めているそうです。部下が理解して合意しなければ、上層部で方針を決めても組織は動かない、と知っているからです。

また、ある大手の販社のマネジャーは部下との面談の前に、部下について知りたいことを次のようなリストにし、それらをもとに具体的な質問を考えています。

① 基本的な情報（誕生日、趣味、家族構成、これまでの業績）
② 今の状態（体調、人間関係、仕事との相性）
③ 仕事のスキル、タスク
④ 能力（リーダーシップ、コミュニケーション）

⑤　適性、キャリア

　このとき、漠然と考えていても、何か思いつくわけではありません。そこで、部下について知りたいなと思うことをことばにし、それを自分自身に問いかけてみるのだそうです。そして、部下の答えを想像してみるのです。たとえば、

――この会社に入って何年になるのか？

――これまで、どんな仕事を手がけてきたのか？

――いちばん自分に合っている仕事はどれだと思っているだろうか？

――どの曜日がいちばん調子がいいんだろう？

――コミュニケーションは得意だろうか？

――ストレスはどうやってコントロールしているだろうか？

　もちろん、ほんとうのところは、本人に聞いてみなければわかりません。だから、聞くことになるというわけです。

「きみは一週間のうち、どの曜日がいちばん調子がいい？」

「そうですね、火曜日が結構いいんですよ」
「そうか、それじゃ火曜日にピークを持ってくるようにして、あとは流せ」
「はあ」
「そんなに毎日がんばるなんてできないんだ。調子のいい日に、新規をとったり、むずかしい案件を片付けるようにするんだ」

わたしも、何年か前、部下について知るために、質問リストをつくってみました。部下一人ひとりの強みや弱みについて、自分がいったいどれだけ知っているのか、チェックしてみたのです。

思っていた以上に知らないことが多くて驚きました。そこで、本人たちに聞いていきました。聞いている間にいろいろと話は発展していき、仕事のことについて、今考えていることについて、会議では出てこないアイデアを聞くことができました。また、自分のマネジメントがどれだけ機能しているかも知ることができました。

リストどおりに部下に「問いかけ」ることが、質問のリストをつくる目的なのではありません。質問のリストをつくる行為そのものが部下について考えることになります。わからないから聞いてみたい、という動機付けになります。そこに、質問のリストをつくることの価値があります。

さらに、同じことを自分自身にも問いかけることによって、自分自身や自分と仕事の関係についても新しい視点を得ることになります。さらに、そうやって同じ問いを「共有」することによって、部下との対等な立場での会話が可能になるのですが、これについては、「問いの共有」として、あとの章で詳しくお話しすることにします。

相手が知ってほしいと思っていることを知る

わたしたちは、人を評価するとき、知らず知らずのうちに、「好きか、嫌いか」で判断してしまいがちです。そうでなければ、「損か、得か」「敵か、味方か」。そして、一度その二極化から結論を出してしまうと、なかなかそれ以上は知ろうとしなくなってしまいます。「だって、嫌いなんだから」。これは、十代の若者のせりふではありません。わたしがつい最近、五十代の会社経営者から聞いたことばです。

上司の、部下についての知識は偏りがちです。部下の性格分析や仕事の能力、過去のいくつかの業績については知っていても、今、部下は、どういう状態にいるのか、どんな助けを必要としているのか、何を学ぶ必要があるのかといったことについては、よくわかっていません。そして結局、自分のわかっている範囲、それも過去の情報で、部下と接してしまいがちです。しかし、何事も、大切なのは、つねに〈今〉です。

現在の部下が、何を思っているのか？　どこへ向かっているのか？　どこでつまずいているのか？――それを知らなければ、彼らと〈関係〉を築くこともできなければ、彼らの能力を引き出すこともできません。

3秒間ナレッジ❸

部下について自分が知らないということを知る。
知らないことに気づけば知りたくなる。
こうして、部下のことを考えることが、
部下を大切にするということだ。

わかったつもりのままでいたり、知ることを面倒がったりせずに、ちょっとの隙間時間に、部下について考えることです。電車の中で、コーヒーを飲みながら、散歩しながら、机の前で――部下と実際に話す時間をとるのと同じように、部下について考える時間をとることです。具体的には、部下に関して、二、三のことを自分に問いかけてみます。

彼（彼女）は、
――どういうときにストレスを感じているか？
――どんな価値観を持っているか？
――強みは何か？
――仕事から、お金以外では何を手にしているか？

こうした質問をつくり、自分で答えてみます。このプロセスが部下について考えることにつながります。

そして、質問に答えられない、知らないということに気づいてはじめて部下に対する興味、関心がわいてきます。知らないことに気づくことが、次の行動へと人を動機付けます。

二つの時間をつくる

ほんとうは部下の全員とゆっくり話をしたい。でも、現実には時間はありません。

それでも、できるだけ多くの人と話すためには、躊躇しないことです。

職場で近くを通ったとき、すれ違ったとき、目の前を歩いていたとき。そのチャンスを逃したら、次はいつあるかわかりません。その場で躊躇せずに、声をかけます。

そのためにも、いつでも自分から声をかけられるように、話しかけられるように、この人とはこう話したいということを、部下全員分、準備しておくのです。

部下のデータベースをつくることで、日報を読むことで、毎日部下一人ひとりのことを考えることで——その積み重ねがコミュニケーションを交わす起因になります。


三分間の〈コーチング・カンバセーション〉の時間をつくる。

同じように、部下について考える時間をつくる。

この二つの時間はお互いに連動しています。

そして、この二つの時間をつくることが、あなたのチームを、そして、組織を変えます。

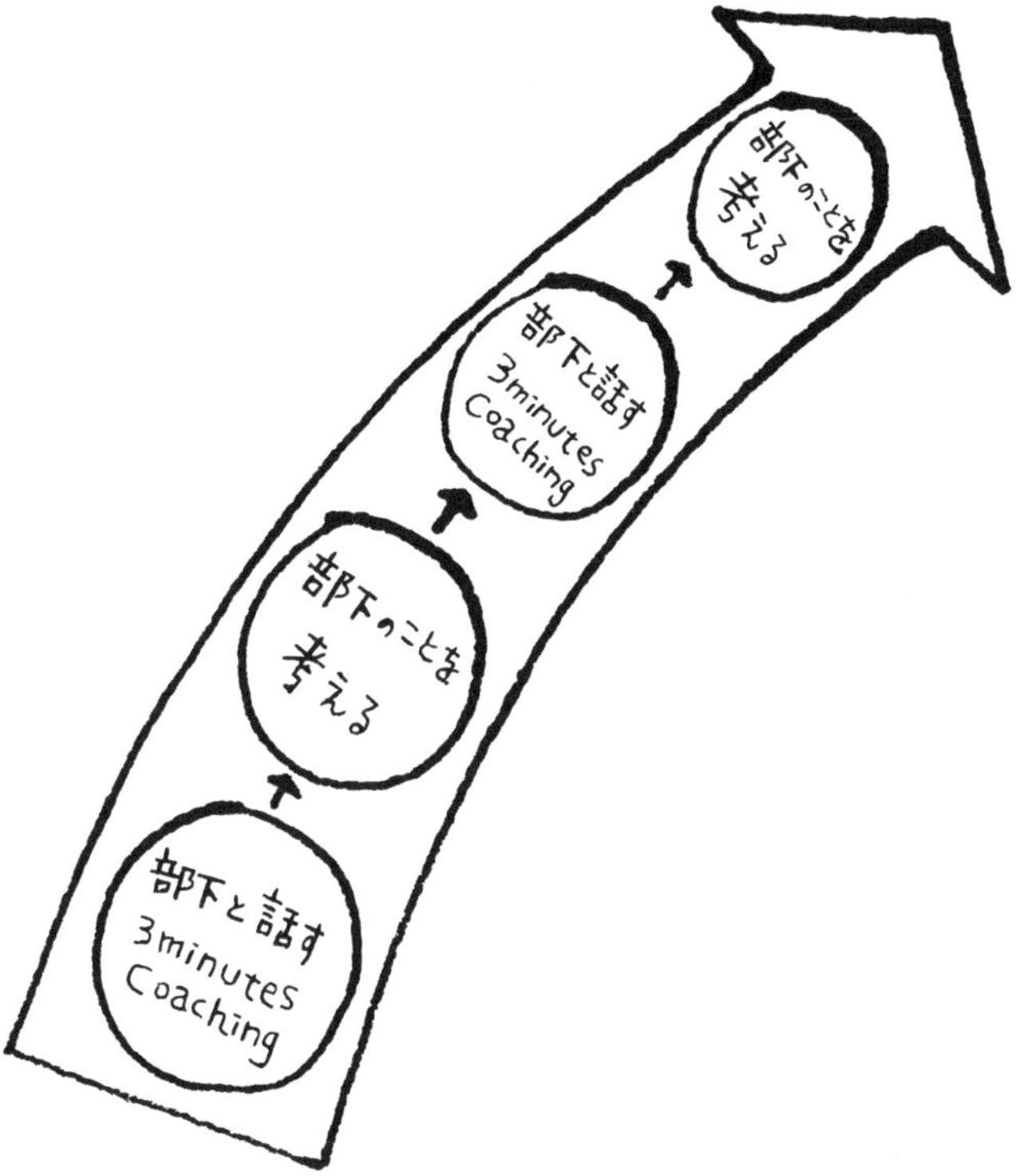

部下のために２つの時間をつくる

この三分間が 組織を変える！

2　三分間コーチは、コミュニケーションのプラットホームをつくる

on going（現在進行形）な会話

〈三分間コーチ〉が行うコーチングのイメージは、いわば駅のプラットホームです。

日々の業務のなかで、部下との〈間〉に、三分間、いわば、会話するためだけのプラットホームをつくるようなものです。わざわざ談話室や会議室に行く必要はなくて、ちょうど、電車を待つ間、駅のプラットホームに二人で立って、電車が来るまで会話するようなイメージです。

そのプラットホームでは、ただ雑談をするのではなくて、目標について、スキルアップについて、チームワークについて、タスクについて、また、互いを知るための情報交換、

フィードバックなど、的を絞った会話〈コーチング・カンバセーション〉をします。

三分間は、たしかに話し込むには十分な時間ではないかもしれません。しかし、一回に多くのことを話しても、すべて理解して、それを行動に移せるわけではありません。

それよりも、三分間会話し、その過程で、現状を認識し、次にどこへ向かうかについて確認する。次の三分ではそのレビュー（振り返り）をし、また次にどこを目指すかについて会話する。

——次の電車でどこへ行くのか？
——何をしに行くのか？
——この先、どこで乗り継いだらいいのか？

このように、現実の変化をとらえながら、〈on going（現在進行形）〉で会話を続けます。変化する現実に対応するために、〈on going〉であることは、上司と部下との間の会話〈コーチング・カンバセーション〉の条件です。

3分間コーチは、いわばプラットホームのイメージ

次の電車が来るまで長くて三分。一回に三分は短いように思えますが、それを繰り返し、継続すれば、まとめた一時間、二時間に勝る効果を得ることができます。十日、百日と繰り返せば、会社全体のコミュニケーションに影響を与えないではいません。

創造的な会話

たとえば朝、今日一日のビジョンやスケジュール、TO DOについて、三分間のコーチングを行うだけで、その日の業務の効率はずいぶん違います。

実際に、朝、三分間のコーチングを行っている企業からは、社員の次のような感想が寄せられています。

・軽くブリーフィングしてもらうことで、やろうとしている仕事の内容が明確になる。
・その日の山場になる仕事に対するハードルが下がり、エネルギーが上がる。
・コーチしてもらうことで、はじめての業務にも自信を持って臨むことができる。
・メリハリがつく。

・先延ばしにしていたことも三分の間で決断できる。
・朝、会社に来る前に、その日のことを考えてから出社するようになった。
・仕事のスタートが早まった。
・頭の整理整頓ができている状態になった。

このように、業務の効率化、社内のコミュニケーションの活性化などの効果は、三分間のコーチングを始めたその日から現れます。けれども、その効果はこれだけではありません。

それは、部下一人ひとりの成長を促し、創造的、生産的にしていくということです。というのも、たしかに、三分間の会話はそこで終わりますが、その後も、自分の内側の会話は続くからです。三分間のコーチング・カンバセーション、その後に続く自分との会話が人を生産的、つまり創造的にしていきます。

実は、〈**三分間コーチ**〉の特徴は、会話そのものというより、三分間の会話と次の三分間の会話の〈**間**〉にあります。

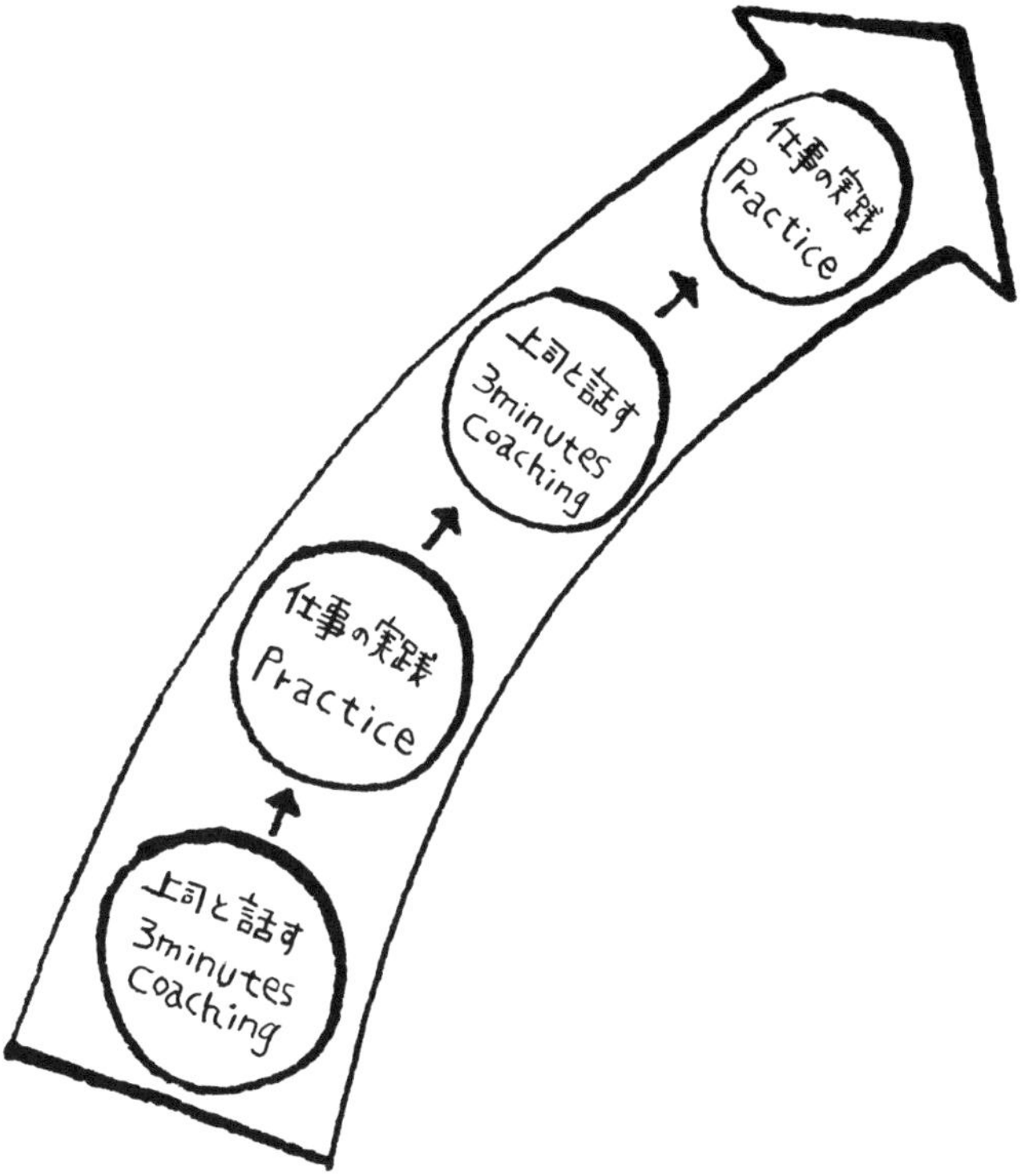

3分間コーチの特徴は、その「間」にある

この三分間が組織を変える！

コーチングのあとの内側の会話

この〈自分の内側の会話〉について、もう少し詳しく見てみましょう。

だれかに言われたことや尋ねられたことが、その場では、すぐに反応できなかったけれど、その後も頭の中に残って、その答えを探し続けたり、いろいろと発想を展開していくことになるような経験はだれにでもあると思います。この、自分の内側で続く会話のことを〈**セルフトーク**〉といいます。いわば、わたしたちの内側の会話で、多くは、自問自答の形をとります。

鋭い指摘や奥の深い質問のあとではよく起こります。効果的なコーチングのあとでも、当然起こるでしょう。上司から発せられた問いに対する答えを探すプロセス、会話の内容を咀嚼するプロセスが、〈**セルフトーク**〉として、部下の内側で続くわけです。

つまり、会話というのは、その場で相手に影響を与えるだけではないのです。というよりも、実際に人の行動に影響を与えるのは、会話のあとに個々の内側で続く〈**セルフトーク**〉です。互いの中に、〈**セルフトーク**〉が始まり、それが、人の考えや行動に影響を与えます。

3秒間ナレッジ❹

会話そのものではなく、会話のあとのセルフトークが、人の行動を決定する。

言い換えれば、わたしたちは、会話を交わすことによって、お互いへの理解を深めると同時に、会話を通じて、これまで自分が持っていた考え方や物事のとらえ方を改めて見直す、そして、そこに新しい解釈を加え、試みるという作業を行っています。ちょうど古いカーナビのソフトを入れ替えるような作業を自分の内側で行っているわけです。そうやって、現実への対応力を高めていきます。

〈三分間コーチ〉は、部下の育成と目標達成を目的としますから、会話を持つときは、この**〈セルフトーク〉**の働きを理解し、それを活用するよう意識します。つまり、

会話の中での気づき➡セルフトークでの熟考➡選択➡行動

この流れが起こり、目標へ向かう行動が生まれることが、個々のコーチングの目標となります。

よく、気づけば行動は変わると思われているようですが、気づいただけでは行動は変わりません。〈気づき〉には、いわば暗闇をサーチライトで照らすような働きがあり、それは貴重なものですが、サーチライトで暗闇を照らしただけで行動が起こるわけではないのです。ライトに映し出されたものを見て、熟考し、選択する時間が必要です。〈熟考〉し、次に〈選択〉してはじめて行動に移すことができます。

〈三分間コーチ〉が適切にコーチすれば、部下の内側では、三分間の会話から受けた刺激や〈問い〉に始まった会話〈セルフトーク〉が、その後も続き、それが、現実を見る視点を変えます。そして、その視点の変化に伴う考え方や解釈の幅の広がりが、やがて、行動に変化をもたらすようになります。言い換えれば、新しい思考、行動が生まれるわけです。

つまり、創造です。

ほんとうの会話とは、創造以外の何ものでもありません。

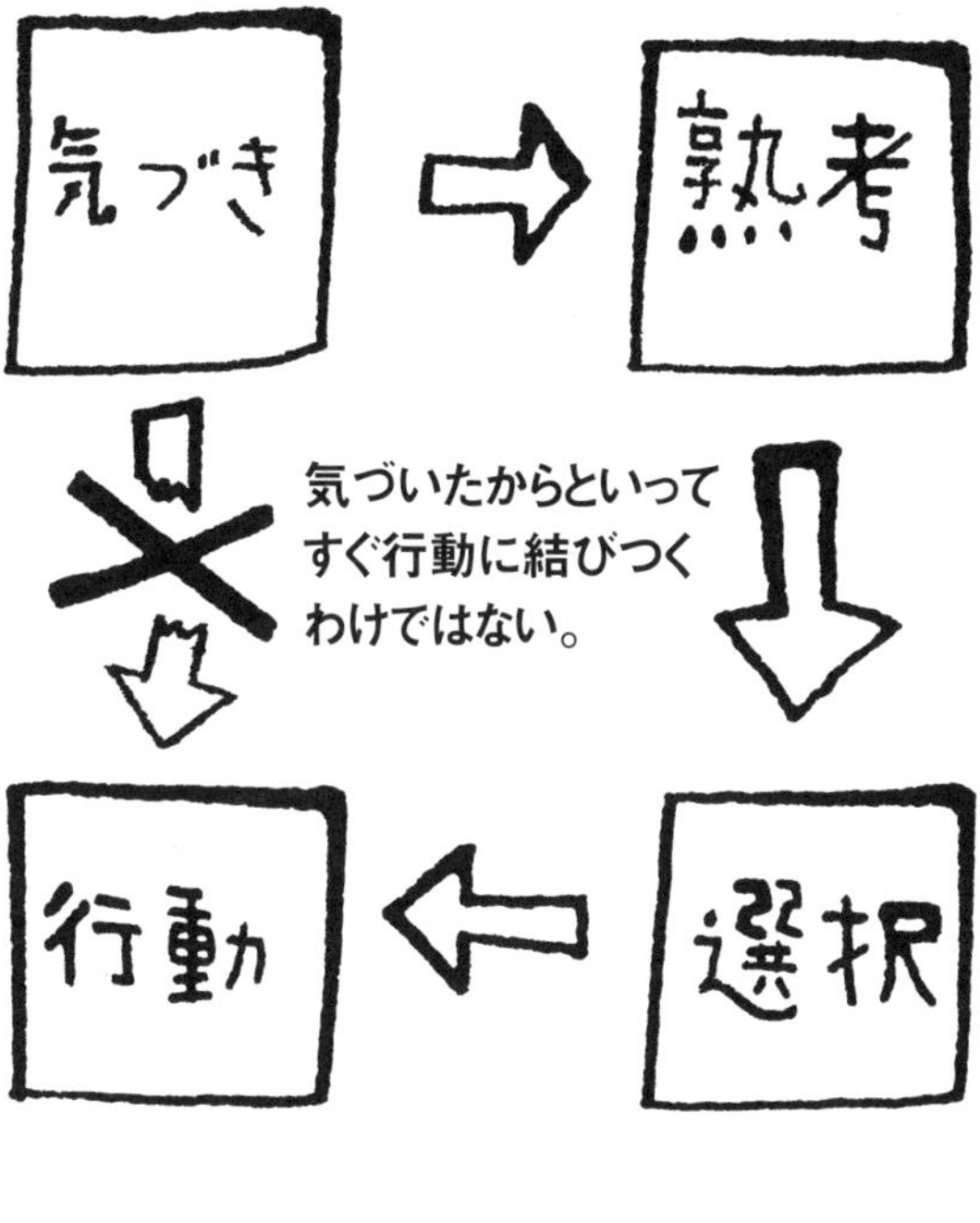
気づき
熟考
気づいたからといって
すぐ行動に結びつく
わけではない。
選択
行動

3　実行されることの量とスピードが変わる

なぜ、決めたことが実行されないのか？

あるとき、わたしがコーチさせていただいている、ひとりの経営者の方が言いました。

「五年前に、コンサルタントを入れて、事業計画をつくったんだが、二年経ってみると、まるで予定と違うんだ」

「そうですか。それで、どうしましたか？」

「違うコンサルタントを入れて、三ヵ年計画をつくった。今度の計画はすごくいい。それに、役員も全員関わってつくった」

一年後にお会いしたときに、お尋ねしてみると――

「今度は、社員に目標を出させ、それをまとめて計画するという方法をとる」

「前回のは？」

「あれは、計画に無理があったのと、途中でいろいろ予定外のことが起こりすぎた」

すばらしいアイデアを思いつき、綿密なプランをつくったからといって、それがそのまま実行されるわけではありません。アイデアやプランと実行することの間には、大きな溝があります。そして、そのことは、この章の最初にも述べたように、個人についても組織においても、大きな課題のひとつです。

では、どうするか？

その答えがコミュニケーションです。コミュニケーションこそが、アイデアやプランと実行との間の溝に橋を架けます。アイデアやプランを実行に移すためには、相応の量と質のコミュニケーションが必要なのです。

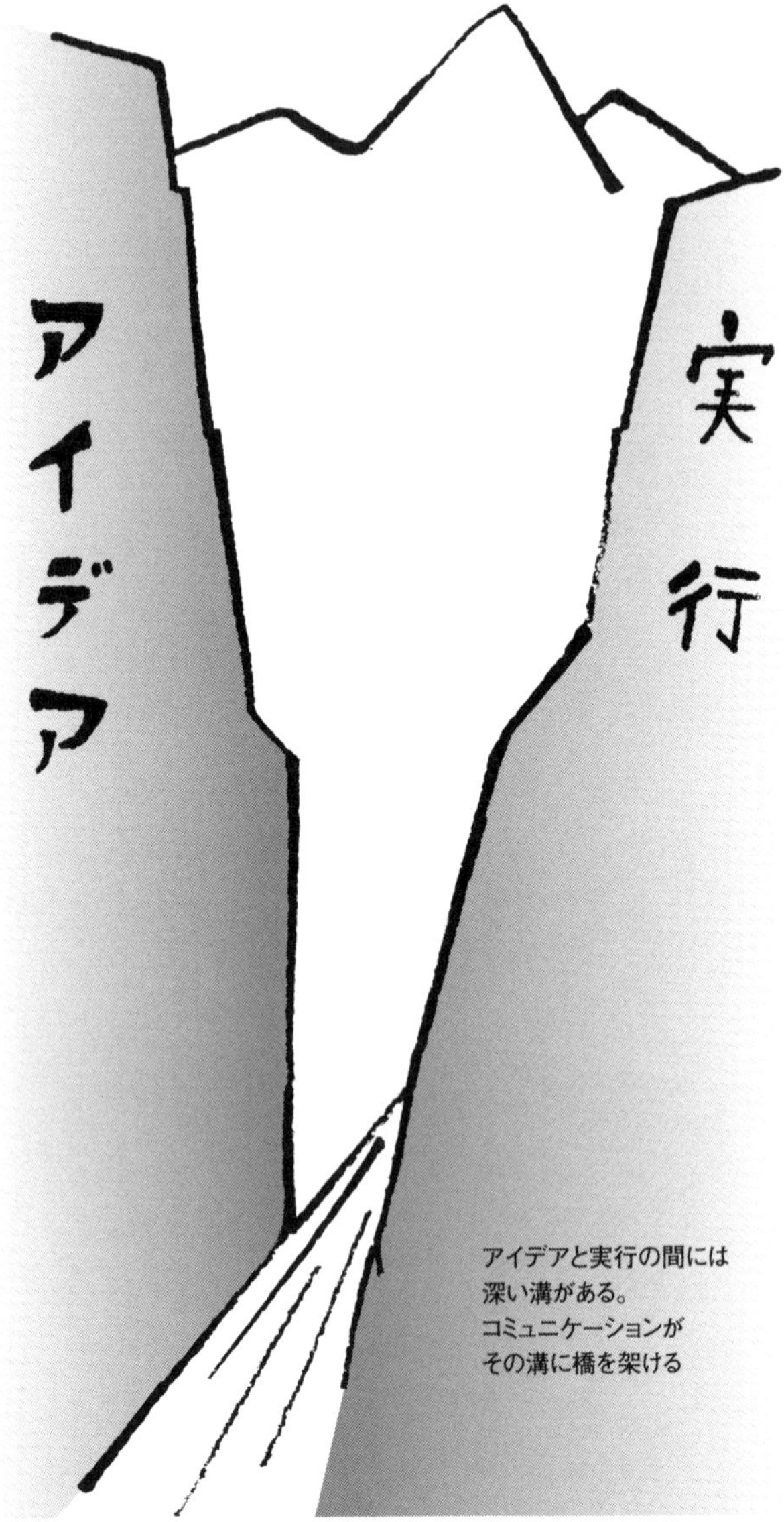

アイデアと実行の間には
深い溝がある。
コミュニケーションが
その溝に橋を架ける

運輸業のマネジャーは、自分の上司によく言われたことを思い出すそうです。

「もし、お前に言われたとおり部下が動くのなら、お前はいらない」

上司には、そのアイデアやプランを翻訳して部下に伝え、部下の行動に結びつけ、行動を修正し、目標に向かわせ続ける能力が求められるのです。

・議論が白熱し、盛り上がったのだから、現場も変わったはずだと思っていないか？
・すばらしい計画を立てれば、実行されるのが当たり前だと思っていないか？
・部下全員に「イエス」と言わせれば、次の瞬間から行動が起こると思っていないか？
・よく発言しスマートに話す社員が、ほんとうに会社に貢献しているのか？
・業績の上がらない部下や部署の責任を問えば、彼らは変わるのか？
・会議室で問題を解決すれば、それでほんとうに問題が解決するのか？
・目からうろこが落ちたら、行動はほんとうに変わるのか？
・わかったら、物事は実現するのか？

3秒間ナレッジ❺

アイデアやプランと実行の間には溝がある。

3秒間ナレッジ❻

上司の言うとおりに部下が動くなら、上司はいらない。

アイデア、プランと実行の間の溝は、コミュニケーションによって埋められます。仕事の開始時、途中、終了時、あらゆる場面で、コミュニケーションが必要です。同時に、アイデアやプランを練る人たちと、それを実行する人たちとの間にどれだけ信頼関係が築かれているかも問われます。

〈三分間コーチ〉が、そのコミュニケーションと信頼関係を醸成します。そして、アイデアやプランと実行との間の溝に橋を架けるのです。

組織全体の動きのスピードが上がる

さて、個人と組織の双方にとってのもうひとつの大きな課題は、〈スピード〉でしょう。物事が実行される速さは、いまや個人にとっても組織にとっても死活問題と言えます。

ところが、従来のマネジメント手法では、どうしてもこのスピードが遅くなりがちです。というのも、通常、部下育成に際して、上司は、「教える」「指導する」などの手法を用いて部下を教育します。いずれも重要な手法ですが、これらだけでは、つねに上司の指示を仰がないと行動できない部下を育ててしまうことになります。すると、日々変化する現実への対応が遅れ、ひいては、会社全体の動きのスピードが減速してしまうことになります。

すると、どういうことが起こるかというと、まず、他社やほかの人が先にそのことを実現してしまったり、ようやく実行されたときにはすでに環境が変化していて、アイデア自体が古いものになってしまっていたりします。

それればかりではありません。できない理由や言い訳を考える時間を与えてしまうことになったり、ときには、反対勢力が生まれてきてしまったりします。時間がかかる分、予期しなかった事態に遭遇する確率も高まるでしょうし、社員の熱意が低下する恐れもあります。

これらの問題を解決するには、社員の一人ひとりが、目の前の課題を的確に判断し、対応していく自律性を持っていくことでしょう。そのような部下を育成する必要があります。そして、今、部下育成の手法として、各企業で、コーチングが盛んに取り入れられているのは、この部下の自律性を養ううえで、コーチングが有効だからです。

コーチングでは、基本的に「アドバイス」はしない、問題解決もしない、ただ、問題とのつき合い方をコーチします。これにより、部下のそれぞれが、現場で起こることに、毎度上司の指示を仰がなくても自分で対処できるようになるのです。すると、

アイデア⬇企画⬇決定⬇行動までのスピード
失敗からやり直すまでのスピード
指示⬇実行までのスピード
ビジョン⬇戦略⬇戦術決定⬇実行⬇目標達成までのスピード

すべてのスピードが速まります。その結果、組織全体の目標達成、成長のスピードが速まります。リアルタイムで情報が共有されるため、つねに新しい情報を取り込みながら、アイデアをアップデートできるからです。

また、かかる時間や計画に誤りがあった場合も、すぐに修正したり、新しい戦略に切り替えることができます。

さらに、結果が早く出ることによって、社員のモチベーションも高い状態で維持されます。物事が実現するスピードが速いということは、抵抗勢力が生まれてしまったり、サボタージュが生まれてしまう前、みんなのモチベーションが高いうちに実現してしまうということでもあります。

3秒間ナレッジ ❼

組織の成長のスピードは、
一人ひとりの社員の自律性の度合いに比例する。

組織の成長のスピードを上げるのは上司の叱咤激励ではありません。スピードは、社員一人ひとりの自律性のレベルに比例します。また社内のコミュニケーションの醸成の度合いに比例します。ともに、上から指示してできるようなものではなく、日々、積み重ね、つくりあげられていくものだと思います。

結果を生む、コミュニケーションの頻度と場面

さて、一般に、わたしたちの業務を妨げる、もしくは、そのスピードを遅らせてしまう要因は、次の五つです。

① 優先順位がわからない、間違っている。
② スキル不足（実行のためのスキルが足りない）。
③ 優柔不断（小さな取捨選択を迷って、なかなか決められない）。
④ 不安（失敗や自分に対する評価への恐れから、途中経過の開示が遅れる）。
⑤ モチベーションの低下（たいていは①〜④の結果として起こる）。

これらのことはみな早めに、上司に相談する、質問する、要望する、つまり、アウトプットすれば解決する問題です。ほとんどは簡単なコミュニケーションで解決することです。

ところが、それをしないでひとりでかかえ込んでいたり、いつまでも迷っていたりすると、その間、業務は事実上ストップし、多くの場合、ただ、疲労感・被害者意識がたまっていきます。当然、モチベーションは低下し、その結果、さらにスピードが落ちます。で、遅れや問題が外からもわかる状態になったところで、上司が「おいおい」と声をかけ、時間をかけて軌道修正するということになるわけです。

さらにやっかいなことに、これらは、一度解決すればそれですむというものではなくて、たいていの場合、何度も、一定の頻度で起こってきます。

3秒間ナレッジ ❽

組織の成長のスピードの遅れの最大の原因は、一人ひとりのコミュニケーションの遅れにある。

このためにも、業務の流れに沿って、必要な場面をとらえてコーチします。仕事のはじめ、途中、営業から戻ってきたとき、企画書を書いているとき、ちょっとアウトプットが遅れているとき、小さな進展があったとき……あらゆる場面で、コミュニケーションを躊躇しないことです。

それにより、部下にとっては（そして、上司自身も）、

・着手の前の躊躇の時間がなくなる。
・無駄に迷っている時間を減らすことができる。
・問題点が早くわかるので、早く手が打てる。
・方向性がずれているとき、すぐに軌道修正できる。
・アイデアをアウトプットすることによって、次のアイデアが生まれやすくなる。
・ポジティブなフィードバックによって自信を得、生産性が増す。

といった状態になり、組織全体の行動と目標達成（場合によっては、目標や計画そのものの見直しや調整）のスピードは速まります。

最初はモチベーションが上がっても、ゴールの前で止まってしまう

on going なコミュニケーションで、スピードが加速する

この三分間が 組織を変える！

「目標面談」では遅すぎる！

ところで、一般に、上司が部下の状態を知ったり、目標を確認したりするのに用いられているのが、いわゆる「目標面談」です。が、年に一度や二度のそれでは足りない、追いつかないのは、すでに、おわかりだと思います。

事実、わたしたちが企業に勤めるビジネスマンを対象に行った調査（調査対象六七九人うち有効回答数五六八人　二〇〇七年十月実施）によると、面談を受ける側の七九％が面談が役立っていると答え、さらに、もっと頻繁に行ってほしい、上司に自分についてもっと知っていてほしい、単に仕事上の能力だけではなく、まだ発揮されていない能力のあることも知っていてほしいと望む声もたくさんありました。

以下は目標面談を受けることは役に立つと答えた人たちが、具体的に何に役立っているかについて述べたものです。

・ふだん言えないことを言ったり、確認できたりする貴重な場だ。

・目標を明確にでき、定期的に仕事の進捗の確認、現状分析ができる。
・フィードバックを受けることで、軌道修正ができる。
・自分の目標と上司の考えている内容のすりあわせができ、以後の行動に生かせる。
・現状と今後の取り組みが明確になって、行動しやすくなる。
・問題を整理したり、優先順位を決めたり、問題点を解決したりするヒントになる。
・自分への評価を率直に聞ける。
・自分の業務に対する思いや目標を聞いてもらえる。
・お互いの信頼関係が深まる。
・会社の方針と自分の目標の方向性が一致しているかどうかを確認できる。
・日ごろの思いを話すことで、共通の目標に向かってがんばろうという気持ちになる。
・目標を設定することによって、スキルを向上させることができる。
・他人に話すことで自分の考えがまとまり、仕事に対する責任感が増す。

一方で、面談が役に立っていないという声も、残念ながらたくさんありました。

・上司が自分の思いを一方的に言うだけである。
・上司にわたしの担当している業務知識がないため、適切なアドバイスがもらえない。
・業務内容の変化が激しく、目標が現状に追いついていない。
・面談で具体的な目標が形になることは少なく、雑談や漠然とした内容で終わる。
・長期目標の重要性よりも短期目標の緊急性が肥大化し、近視眼的になりやすい。
・面談者が人事権を持っているため、本音での話を切り出しにくい。
・一時的には効果があるが、一年に一回の実施のため、結局は自助努力となる。
・仕事の進捗や結果の評価に重点が置かれ、フォローや先につながる提案がない。
・目標をかかげなくてもやらなくてはいけないことは決まっている。
・そこでの意見が会社全体に反映されるわけではない。
・面談の結果が評価にどう結びついているかわからない。

面談は、上手に活用されれば部下について知る効果的な場となります。だから、それを行っていない、もしくは、形式的にしか行っていないのは論外として、たとえ、効果的に行っていたとしても、それだけで、上司が部下について知るのは不可能なようです。それには、頻度が少なすぎます。時間的にも、関係を築いたり修復したりするのに十分とはいえないでしょう。

だいたい、面談の場面で、部下についてはじめて気がつくことがあるようでは遅すぎます。四半期、半年、一年と時間をあけてしまっては、〈今〉の〈生〉の部下を知ることはできません。そして、つねに、〈今〉の〈生〉の部下の状態と業務の状態を知らなければ、組織に求められている成長のスピードはとうてい得られません。

実際、「一回の面談よりも、ふだんのコミュニケーションが大切だ」という声も多数ありました。

つまり、最初にお話しした〈on going（現在進行形）〉であることが大切なのです。

組織全体が、on goingでともに進んでいくためには、つねに、on goingのコミュニケーションが必要です。年に一度か二度、一時間話すより、その六十分を二十回に分けて、業務の流れに沿って、on goingの会話をするほうがずっと効果があります。

今、目の前で起こっていることについて、お互いに見てわかる、聞いてわかる、触れてわかることについて、その場で、あるいは、起こる直前に、話します。

では、具体的には、どんな〈場面〉で三分間のコーチングを行うと、もっとも効果的なのでしょうか？

これについて、わたしたちの会社で行った調査結果（調査対象八五三人　うち有効回答者数六〇五人　二〇〇七年十一月実施）をもとに、これから、章をかえて詳しくお話ししましょう。

第2章

その瞬間をつかまえる

1 観察して、その瞬間をとらえる

変化の前、事が起こる前にコーチする

〈三分間コーチ〉にとって大切なことは、何を話すかよりも、どんな場面で話すか、です。その場面、その瞬間をとらえ、会話の時間をとることです。

無理につくらなくても、すでにあります。たとえば、いっしょに会議に向かいながら、申請書を持ってきたとき、クレーム電話を受けたあと……今、部下が何をしているかを知っていれば、自然に声をかけることができます。

大切なのは、事が起こってからコーチするのではなく、事が起こる前に、予測し、それをコーチすることです。

観察する・もっと観察する

ある自動車の販社の店長は、部下に頼んだ仕事が道半ばを越えたぐらいのところで、「富士山でいくと何合目まで来た？」と聞くようにしているそうです。

この部下については、これを前半に聞くとくじけさせてしまうが、後半に聞けば、よくやっていると認めることになる。それを知っているので、部下を観察し続け、もっともよい場面で、この質問をしているのだそうです。

このように、部下がどんな場面でコーチを必要とするのかは、部下一人ひとり違います。その場面を知るにも、いつがその「とき」なのかを知るにも、日ごろから部下をよく観察し、何をし、何を欲しているのかを知ることが必要です。よい上司というのは、それを知るということについて徹底しています。

ただ、部下の態度や行動だけを見ていても、なかなかその瞬間が見つからない場合があります。そういう場合はたいてい、部下を観察している側、つまりマネジャーの側の内的な因子によることが多いようです。

ある学校で、教室にビデオカメラをセットし授業風景を録画してみたところ、教師は概して、成績のいい生徒とあまり成績のよくない生徒に頻繁に話しかける、その結果、中ぐらいの成績の生徒とコミュニケーションを交わす機会は少なくなってしまっているということが、わかったそうです。

よほど気をつけていないと、話しかける相手は偏りがちなのです。無意識のうちに、好き嫌いや相性のよしあしで声をかける相手を選んでしまいがちです。架空のビデオカメラをセットして、自分が、だれに、どのくらいの頻度で、どんなときに、声をかけているのか、一度、観察してみるといいかもしれません。

コーチングの場面は、部下というより、むしろ自分自身のふだんの行動やそのパターンを見直すことで見つけることができるようになります。

ある大学ラグビーの監督は、試合をビデオカメラで撮影する際、カメラを選手の数だけ用意するそうです。通常は一台のカメラで試合を記録するのですが、彼は選手の数だけ用意するのです。これについて、彼は次のように話しました。

「最近は選手が大型化しているので、タックルをするときには腰から下にタックルするように指導しています。そして、一人ひとりの選手の動きをビデオカメラで撮影し、試合後、ビデオを再生しながら、何度腰から下にタックルしたかなど、事前に話し合ったことがどれだけ実行されているかをお互いに確認するのです。それによって、選手は、わたしが何も言わなくても、自発的に練習を始めます。自発的な練習は、言われてやる練習とは質がまるで違います。そして、その成果は、いずれ、試合に現れるのです」

3秒間ナレッジ ❾

課題を共有し、部下を見ていれば、自然にコミュニケーションは起こる。

最初に、課題やビジョンを明確にして、それを共有していれば、いつでもそのことを話題にし、〈コーチング・カンバセーション〉を交わすことができます。部下一人ひとりの課題を知り、その進捗状況を知っていれば、部下がコーチを求めている瞬間に気づきます。

そこでは、特に話題を考える必要もありません。話題は、すでに、そこにあるのですから。

日報を使って、よく観察する

日報の習慣があれば、日報を毎日読み、それに感想や質問を入れることで、次の〈三分間〉では、最初からそれを話題にすることができます。日報は、単に部下から上司への報告や、その日の記録を残すためだけではなく、自分自身を整理するために書くものでもあります。整理できていないところが読み取れたら、それについては返信を送る、または、三分間、コーチします。

日報は定形のものを長期間使う傾向にあるようですが、ときどきフォームを変えることで、レポートの内容の変化が期待できます。または、日報そのものをeメールの形にして、マネジャーから毎日送り、それに返信をするという方法もあります。その場合は、あらかじめマネジャーからの質問を入れておいてもいいでしょう。

このように、日報は、部下をよく観察すると同時に、それ自体をコーチングのツールとして用いることもできます。単に上司への報告だけを目的とするのではなく、日報を書くことで、部下が自分の仕事を振り返り、自分とコミュニケーションを交わすところに価値があります。

こうした日報の機能を十分活用するには、上司は返信を怠らないこと。コミュニケーションを途切れないようにすることが大切です。

2　仕事の流れに沿って、場面をとらえる

部下がコーチを求めるとき

一般的には、部下は、どんな場面でどんな内容についてコーチしてほしいと望んでいるのでしょうか。わたしたちの調査の結果、大多数の部下が、大きく分けて次の三つのフェーズにおいて、コーチを求めていることがわかりました。

・プロジェクトの開始時
・プロジェクトの途中段階
・プロジェクトが終了し、次のプロジェクトへ移行するとき

ここでいうプロジェクトというのは、特別なものではありません。単に、「仕事」と置き換えてもいいでしょう。一日の業務をプロジェクトとしてとらえることもできるし、一つひとつの営業案件や会議などと考えてもいい。また、年度始まり、四半期、半期、年度終わりも、すべてプロジェクトの過程と考えることができます。

仕事の開始時がベストタイミング

では、まず、仕事の一般的な流れに沿って、〈三分間コーチ〉としてコーチすべきタイミングの例をあげてみます。

実は、業務上で生じる課題というのは、ある程度決まっています。つまり、仕事の過程で、人が遭遇する課題というのは、だいたい予測がついているものです。ということは、部下が課題に遭遇しコーチを求める前に、上司から声をかけることは十分に可能だということです。具体的には、次のようなときです。

・新しいポジション（配置換え・昇進など）を与えられたとき
・新しい仕事や大きな仕事を与えられたとき
・目標設定をするとき
・営業やプレゼンテーションの前
・重要なミーティングの前
・事業計画を構築するとき

何であれ、新しい仕事を始める前というのは、コーチングに最適の場面となります。未知の世界に向かって行動を起こしていくわけですから、テーマとなることはたくさんあります。この時点でコーチを受けることができれば、仕事の進行はスムーズなものとなり、成功する可能性も高くなるため、部下の多くもそれを求めています。

こうした場面では、仕事を成功させるだけではなく、その仕事を通して、どのような能力を身につけていくか、どれだけ成長するかについても話し合っておくといいでしょう。

ほかにも、部下のほうは、次のような場面で上司のコーチングを求めています。

・仕事の内容を確認したいとき
・新しい仕事の計画を立てているとき
・進行のためのスケジュールを組むとき
・目標をどのように管理していくかを決めるとき
・チーム内の意識のレベルを確認したいとき
・うまくいかなかったときの別の選択肢やリスクを確認したいとき

起こす変化とやってくる変化

変化への対応力は、コーチングのいちばんのテーマですが、そもそもプロジェクトというのは、それが立案されるところから、実行に移され、完了し、評価されるまで、ずっと変化の連続です。つまり、どの瞬間にもコーチングを役立てることができます。

また、「変化」には、自分から起こすものと、外側からやってくるものがあります。自分から起こす変化の場合と、やってくる変化の場合では、上司としての関わり方に少し違いがあります。

外側からの変化とは、不測のトラブル、転勤、昇進または降格、部下の士気が著しく落ちるなど、外からなんらかの対応を迫られる、つまり、〈要望〉されることによって生じます。仕事だけでなく、家族や友人など、プライベートな場面でも同様です。

これに対し、自分から起こす変化というのは、逆に、自分のほうから相手に何らかの〈要望〉をすることから生じます。これは、自分からコミュニケーションを始める、と言い換えることもできます。

というのも、コミュニケーションとは基本的に、相手に〈要望〉することだからです。個人に対するだけでなく、「場」に対する要望、提案、フィードバックなどを行う場合も、そこに何らかの「変化」が生じます。仕事以外の領域でも同様です。

ところが、要望したことがすべて受け入れられるとは限りません。それは、あなたが外側からやってくる要望をすんなりと受け入れるとは限らないことを思えば当然でしょう。「場」コミュニケーションを始めれば、多かれ少なかれ、必ず、何らかの「抵抗」を受けます。

や相手との関係に「変化」が生じるのです。

でも、それは、最初から予測できるものです。予測できるものである以上、収拾もつけられます。向こうから突然やってくる変化は、ストレスとなりますが、自分から起こした変化は、自分に責任感や自律性をもたらす機会になります。

一方、外側からやってくる変化に対しては、それが自分にとってよいもの悪いものにかかわらず、人は受け身になりがちです。まずは、そのあり方を修正するところから始めることになります。〈**三分間コーチ**〉を通じて、部下がそれを学習することができれば、その人の変化への対応力は格段に上がります。

3秒間ナレッジ ⑩

人は、「変化」に対し、受け身になると弱い。
「変化」がくる前に、「変化」をこちらからつくっていく。

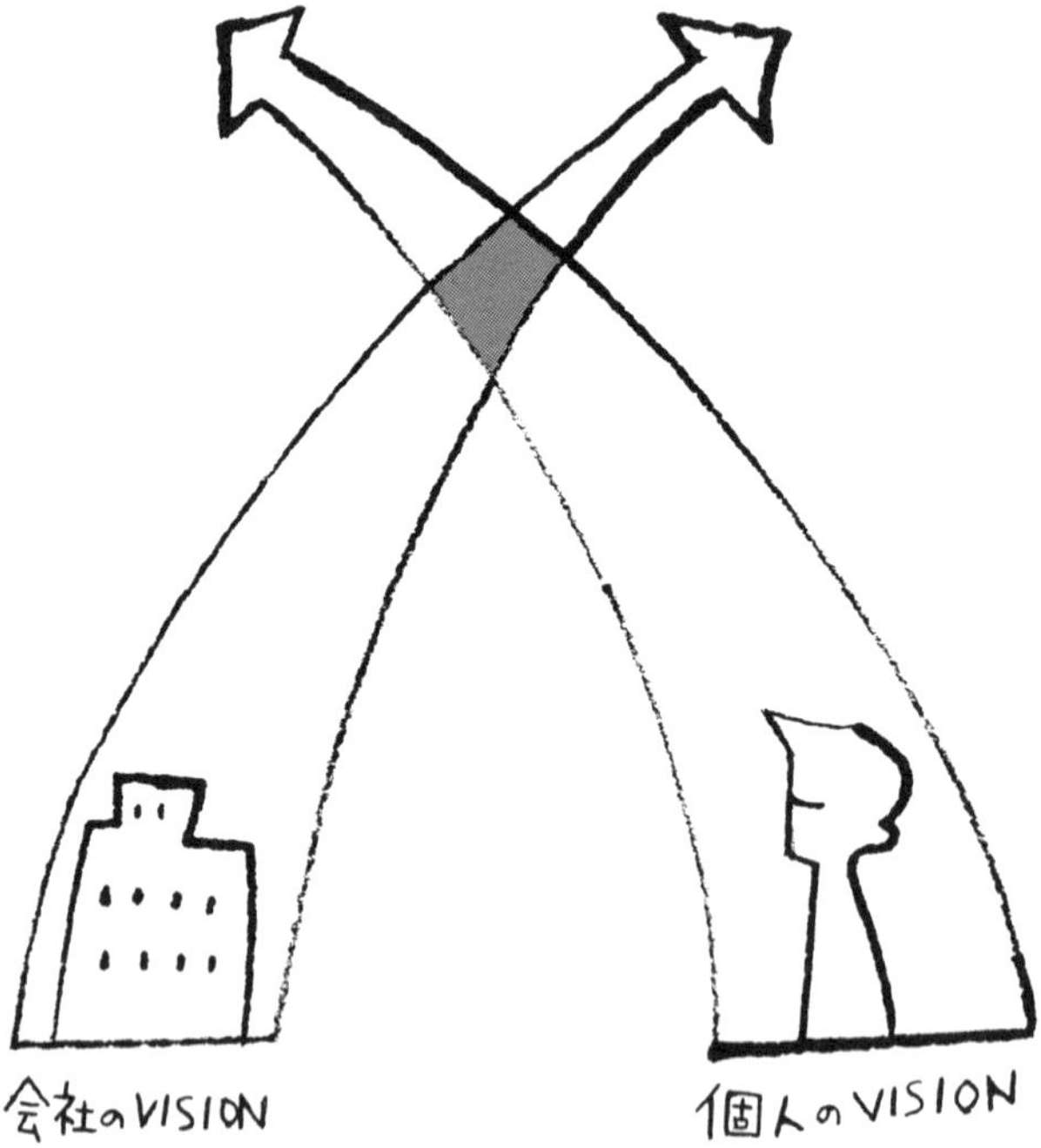

会社の目標と個人の目標の一致点を見つける

目標を設定するとき

さて、仕事の開始時のなかでも、目標を設定するときというのは、特に、コーチが求められているときです。

このとき外してはいけないのは、単に数値やマイルストーンを用意するだけでなく、会社の目標と部下個人の目標や仕事の目的との一致点を見つけ出すことです。それのあるなしで、部下の目標達成に対するコミットメントがまったく違ってきてしまいます。

このためにも、ふだんから、部下個人の目標や人生の目的などについて、頻繁に話している必要があることがわかります。

つまり、目標設定のためのコーチングというのは、実際に業務の目標を立てるずっと以前から始まっているものなのです。

新しいポジション（配置換え・昇進など）を与えられたとき

もうひとつ、仕事の開始時のコーチング場面について、今度は、目標設定ほど頻繁ではないものの、より慎重に扱うべき場面について、とりあげておきたいと思います。それは、異動や昇進にともなうコーチングです。

それらは、当の本人にとっては一大事、大きな変化なので、当然、大きなストレスが生じます。ハーバード大学が実施した調査では、マネジャーが新しい役割に適応し、十分軌道に乗るまでには、十五〜十八ヵ月程度の時間がかかることが明らかになりました。（Industrial and Commercial Training volume36 Number 3 2004 より）

では、マネジャーが、できるだけ早く役割に順応し、パフォーマンスを発揮するには、どんなサポートが可能なのでしょうか？　また、新入社員が入社したときには、会社はどのような支援ができるのでしょうか？　昇進や配置転換のとき、あるいは、特別な任務あるいは重要なプロジェクトのリーダーを任せるときはどうでしょうか？

もし、何の手も打たれない場合、たいていの人は、新しいポジションでの習慣に慣れたり人間関係になじむことにほとんどの注意を奪われることになります。当然、その間、高いパフォーマンスを期待するのはむずかしいでしょう。それどころか、チーム内の不和が続き、協力関係がいつまでも築かれない、その結果、納期が遅れるとか、商品の品質が低下するとか、本人が体調をくずすなどといったリスクの可能性も高くなります。

このため、異動先でできるだけ早く本来のパフォーマンスを上げられるよう、異動者のためのコーチングを実施している企業もあります。

そこでは、まず、異動前に、次の三つを明らかにします。

① 異動先で求められる能力・業績について明確にする。
② 現在の自分の能力の棚卸し(総点検)をする。
③ 異動先で起こりうることについて想定する。

コーチングは異動後も定期的に続けられ、行く前に想定していたことと現実に起こっていることの違い、ならびに、それらへの対応の可能性の有無について話し合われます。当然、仕事の内容だけではなく、そこでの人間関係についても扱われることになります。

このコーチングは異動の前に始まり、その場に慣れ、本来の自分のパフォーマンスが発揮されるところまで続きます。それによって、新しい環境に慣れるまでの時間を短縮させ、リスクを減らすことに成功しているわけです。

社内にこうした制度がなくても、上司から声をかけ、異動の数週間前から、異動先で起こりうることをいっしょに考えたり、異動した先においても、上司が業務と人間関係の両面から定期的にコーチすることはできます。

ある生命保険会社のマネジャーは、自分が異動したときの経験を語ってくれました。

「異動が決まったときは、とても不安でした。このとき、異動先の所長さんがはがきをくれたんです。『今の職場を離れるにあたって残念な気持ちはあると思うけれど、どうか真っ白な気持ちで来てください。こちらの様子は聞いていると思いますが、何も心配いりませんので、安心して来てください』という内容のはがきでした。

実際に異動してからも、折あるごとに声をかけてくれました。また、人に自分を紹介してくれるときも、どうしてそこまで知っているんだろうと思うほど、的確に売り込んでくれました」

優れた上司は、その人が来る前から、その人の「居場所」をつくっているのです。

不測の事態には、すぐ！

仕事を続けていくと、当然、当初は予想していなかった事態が起こります。そこで、仕事の途中では、そうした事態に迅速に対処し、仕事を効果的に進捗させるために、上司との会話が求められます。たとえば、次のようなときです。

・自分のモチベーションが下がってしまっているのをどうにかしたいとき
・チームメンバーの指導について相談したいとき
・業務を効率化したいとき
・業務内容の優先順位を再考したいとき
・業務の中間でのレビュー（振り返り）をしたいとき
・自分の役割と求められていることを確認したいとき
・進行過程で生じた問題を解決したいとき
・チーム内の人間関係で気になることが生じているとき
・不測事態への対応に迷っているとき

このほか、人間関係のトラブル、顧客対応の課題、業務量の増加・困難化、リーダーシップの不足、過度なストレスなど、それこそ、さまざまな不測事態がひっきりなしに起こります。

こうした不測事態は、何かしら起こるのがふつうとはいえ、一つひとつは、当人にとってまさに「不測」の事態であり、たいてい、起こってからあわてて対応することになります。その結果、先ほども述べましたように、どうしても「受け身」になってしまいます。そして、この「受け身」というのが問題です。

受け身になると、すでに生じたことの後追いになる、つまり後手に回るわけですから、持てる力は発揮できず、当然のことながら、パフォーマンスは落ちてしまいます。

したがって、仕事の途中で、不測事態が生じたら、「時間をおかずにすぐ!」が、コーチングのタイミングとなります。時間をおくとそれだけ、事態に対して腰が引けていきます。だから、速やかに部下に声をかけます。

そこで交わされる会話〈**コーチング・カンバセーション**〉の目標は、まさに今目の前にある問題の解決をサポートすることです。と同時に、そこにはそれ以上の目的もあります。

それは、〈そこから学ぶ〉という習慣を身につけさせることです。その、まさに不測の事態が起こってしまっている場から学ぶ習慣です。

ここで大切なのは、毎回、部下の問題解決を手伝うことではなく、部下の一人ひとりに「不測事態対応能力」を備えさせることを目的とした会話を交わすことです。不測事態に対して、自分で考え、自分から行動を起こし、それを自分で評価できるように促すことです。そのプロセスを通して、自律性のある部下を育成することができます。

では、具体的には、どうすればいいのか？　それにはまず、今目の前で起こっている問題や課題をテーマとして扱いながらも、問題そのものについては言及しないことです。先にも触れましたが、どんな問題であっても、上司は、アドバイスしたり、代わりに問題を解決したりしないほうがいいのです。そうではなくて、部下が問題や課題をどう扱うかをコーチします。

□その問題に対して、正面から向き合っているか、それとも後ろ向きか？
□今起こっている事態をどのように解釈しているか？　どの角度から見ているか？

そして、課題や問題を解決するために必要な知識やスキル、リソースをすべてあげてみて、その部下に必要なものを備えさせます。

何よりも、そこでコミュニケーションを交わす機会を持つことが大切です。部下が自分のかかえる課題をアウトプットするだけで解決する問題は、少なくありません。

3秒間ナレッジ ⓫

優れた上司は、部下の問題を解決するのではなく、自分で問題解決のできる部下を育てる。

順調にいっている場合も、的確なフィードバックを

また、仕事が予定どおり順調に進んでいる場合でも、以後の進行を速やかにするために

は、つねに、現状を客観的に把握するためのフィードバックが必要です。

・今、自分がどこにいて、どこに向かっているのか?
・チームワークはどうか?
・全体のモチベーションはどうか?
・自分の考えていることとチーム全体の考えていることは合っているのか?
・自分のとっている行動や態度はチーム全体にどのような影響を与えているのか?

などについて、自分ではうまくいっているつもりだが、果たして、まわりにはどのように見えているのか? これに対するフィードバックはだれでもほしいものです。

状況はつねに変化しているものの、その変化のすべてを自分の感覚で察知することはできないからです。

先にも述べたように、だれしも、意識しているいないにかかわらず、自分以外の視点を求めているものなのです。

3秒間ナレッジ⓬

たいていの問題は、アウトプットするだけで解決する。

完了が次の行動を生む

仕事の終了時には、必ずエヴァリュエーションをして、「未完了感」を残さないようにします。できたこと、できなかったこと、うまくいったこと、いかなかったこと、すべて、事実は事実として認める。そして、次の仕事に生かせるものは何であるかを整理します。

要するに、未来に持っていくものと、持っていかないものを分けるわけです。

ともすると、新しくやることばかりに目が向きますが、ちゃんと終わらせれば確実にエネルギーは上がります。わたしたちを疲れさせるのは、未完了感や気がかりを引きずることだからです。それらを減らせば、それだけでエネルギーは上がります。よく、TODOリストをつくれと言われますが、同時に、NOT TO DOリストも必要です。やらないことを決めることによってはじめて、やるべき必要なことを行うことができます。

未完了なことを減らすだけで、エネルギーは上がる

その瞬間をつかまえる

ですから、エネルギーレベルを上げるためのコーチングを行って、意識的に完了させます。そして、次に向けて〈**ビジョン・メイキング**〉をします。

3秒間ナレッジ⑬
TO DOリストといっしょに、NOT TO DOリストも必要。

したがって、ここでのコーチングのテーマは次の二つです。

□エヴァリュエーション
□新しい目標の設定

——次の仕事にはどんなイメージを持っている?
——次の仕事のポイントは何?
——何から手をつける?

完了とビジョン・メイキングをセットで行うことで、コーチングの効果が上がります。

3　ニーズに沿って、場面をとらえる

頭の整理が必要なとき

仕事の流れに沿ってコーチングの場面を見てきましたが、次に、すべての場面に共通して起こりうるタイミングについて、代表的な三つをあげておきます。

まずは、頭の整理をしたいときです。仕事のすべての過程で、わたしたちは頭の整理をしたいと思っています。それも、頻繁に思います。自分の考えをまとめたい、精査したい。でも、うまくことばにできない、まとまらないと。

ご存知のように、頭は膨大な情報処理のためにフル稼働しており、たった一人で整理するのはたいへんです。また、一人で考えていると、考えが偏りがちになって、堂々巡りから抜け出せないこともあります。

そういうときにほしいのは、アドバイスではなく、ブレーンストーミングの相手です。脈絡なく何でも自由に話すことができ、批判や評価もなく、ただブレーンストーミングをしてくれる相手です。〈三分間コーチ〉が、その相手となります。つまり、上司であるあなたに求められているのは、部下とのブレーンストーミングの機会なのです。

・企画書を書く前
・プレゼンテーションの前
・ビジネスプランを練るとき
・新規の営業活動を始めるとき

部下がそんな状態にあるときに声をかけます。ときには自分の席に呼んで、彼らに話す機会を与えます。そのときは、できるだけ話しやすい環境をつくります。ときどき質問をしたり、彼らが言ったことをリフレイン（繰り返す）したりすると、相手は話しやすくなります。そうやって、〈聞くこと〉に徹します。

コーチング・カンバセーションを交わしたからといって、その場ですぐに「気づき」が起こるわけではありません。けれども、会話を交わすことを通して、頭が整理されたり、新しいアイデアが出てきたりと、何か自分に変化が起こることを知れば、部下はその機会をもっと積極的に使うようになるでしょう。

3秒間ナレッジ ⑭

人が求めているのは、アドバイスよりもブレーンストーミングの相手。

新しいアイデアを出すとき

だれかに対して自分の考えを話す過程で、新しいアイデアが創出されるという体験をしたことはないでしょうか。また、だれかからフィードバックを受け、そこからアイデアが生まれることもあると思います。つまり、多くの場合、新しいアイデアは、コミュニケーションを交わすことによって、生み出されます。

コミュニケーションを交わすということは、二つの脳をクロスさせる行為だからです。そうすることで、わたしたちはお互いの知識や経験を通して自分の考え方を精査したり、相手の視点を通して自分の考えを観察したりしているのです。そこから新しいアイデアが生まれます。

新しいアイデアに限らず、やるべきことはわかっているのに、なかなか行動に移せないでいることもたくさんあると思います。アイデアはあるのに、なぜ行動に移せないかというと、それは、もうひとつのアイデア、つまり**〈行動に移すアイデア〉**がないからです。先にもお話ししましたように、アイデアやプランがあったからといって、わたしたちはそれを行動に移せるわけではありません。行動に移すためには、もっとたくさんの情報が必要です。

・一人でやるのか、それとも、協力が必要なのか？
・どのぐらいの時間がかかるのか？　どんなツールが必要か？

・やりとげるだけの能力を自分は持っているのか？
・予測される未来はどんなものか？
・リスクは何か？
・なぜ自分はこれをやるのか？　自分にとってのメリットは何なのか？

これら、行動に移すための情報が足り、それが整理されれば、行動は起こしやすくなります。人とコミュニケーションを交わすということは、頭の整理をすると同時に、新しいアイデアを創出するプロセス、また、そのアイデアを行動に移すアイデアを創出するプロセスです。三分間のコーチングは、このための貴重な機会となります。

3秒間ナレッジ
⑮
アイデアの実現には、アイデアを行動に移すアイデアが必要。

キャンバスに向かって絵を描くように、アイデアを形にしていく

自分の成長を図るとき

わたしたちのリサーチによれば、特にコーチを必要としないと答えている人でも、自分自身のキャリアや成長に関しては、コーチしてもらいたいと思っています。そこで、自分自身の適性や、強みを知りたいと考えています。

この場合は、アセスメントやインベントリー（質問紙を用いた、テストや棚卸しのシステム）を勧め、その結果に基づいてコーチするとよいでしょう。その結果から本人はどんなことを読み取ったかを聞き、自分には何が読み取れるかを伝えます。

一般に、部下は、自分の評価、昇進、昇級、異動につながらないかと用心しているのですから、そこは十分注意が必要です。上司であるあなたの結果も開示して、それについて自分はどう思っているかについて話してもよいでしょう。

アセスメントは、うまく活用すれば、お互いに話している内容や目的の見えやすい環境をつくるのに役立てることができます。

4　部下が声をかけやすい環境をつくる

事前の同意をとっておく

ここまで、〈三分間コーチ〉がいかにコーチングの〈場面〉をとらえるかについてお話ししてきました。いずれにしろ、上司の側からだけ、必要な瞬間をとらえるには限界があります。そこで、考えられる方法のひとつは、事前に、三分間のコーチングについて、その趣旨を話し、同意をとっておくことです。

「ときどき仕事の進捗やビジョン、その他の情報を共有するために、三分程度話し合いたいと思う。こちらから声をかけることもあるし、きみのほうから声をかけてくれてもいい。特別な問題解決のときだけでなく、ふだんからコミュニケーションを交わそう」と。

先にも述べたように、目標面談に関するわたしたちのリサーチによれば、部下の多くは、定期的な面談を希望しています。上司ともっと頻繁に話す機会を求めています。さらに、上司の考えていることを、直接聞いてみたいと思っています。

上司が思っている以上に、部下は上司からの、提案や要望、ビジョンの明確化を求めています。仕事上の指示命令であれば、曖昧な指示や婉曲な言い方ではなく、それをきちんと伝えてほしいと思っているのです。

部下のほうから声をかけさせる

コーチングの時間をつくるもうひとつの方法は、こういうときには部下のほうから声をかけてくれるよう、あらかじめ具体的に示しておくことです。たとえば、部下が営業に出かけるとき、帰ったとき、自分に声をかけるよう言っておきます。

また、「判断に迷ったときや優先順位に迷いがあるとき、予想外のことが起こったときには、きみのほうから遠慮なく声をかけてくれ」と伝えておきます。

「何かあったら声をかけてくれ」とか「いつでも相談してくれ」というのは、親切そうに聞こえますが、あまりにも漠然としていて、部下は声をかける機会を見つけられません。
それよりも、たとえば、プレゼンの前、企画書を書く前、営業のあと、キャリアについて話したいとき、頭の整理をしたいときなど、できるだけ具体的に、どんなときに声をかけたらいいのかを、あらかじめ伝えておくことです。

3秒間ナレッジ⑯
「何かあったら声をかけてくれ」では、相手は声をかけられない。

と同時に、そう言うからには、相手が話しかけやすい状態をつねにつくっておくことも重要でしょう。
わたしの中学のときの先生は、「どんなことでも質問してくる生徒は伸びる」と言っていました。たしかにそうだと思いました。しかし、生徒の側からすれば、そもそも質問の仕方がわからない。それに、その先生は、とても強面で、とても質問などできそうもないと思ったものでした。

いつも部下が話しかけやすい、声をかけやすい表情でいること。

そして、部下が声をかけてきたら、そのときには、部下の話に耳を傾けることです。無理にアドバイスをしたり、問題解決をしようとするよりも、とにかく話を聞くこと。それが、部下の話す内容そのものだけでなく、部下その人を理解する機会になります。

いつでも聞く態勢でいる

さて、部下との打ち合わせや会議の時間に遅れる上司がいます。理由はいろいろあるのでしょうが、部下との約束の時間を破ることは、部下に対して、

「きみにはあまり価値がない」

「きみのことを大切には思っていない」

と言っているようなものです。それで、部下が自発的に仕事をし、いい提案をしてくるとは思えません。部下の態度には、上司の態度が影響しています。それは間違いありません。

いくら正論を言ったからといって、それに部下が従うわけでもなければ、上司を尊敬するわけでもありません。部下の動きや態度は、ことばを交わす以前に培われている〈関係〉の厚みによって変化します。

3秒間ナレッジ ⑰

部下の態度は、上司の態度の反映である。

少なくともコミュニケーションを交わすときには、お互いの関係は平等です。年齢の違い、経験の違い、知識の違い、それを超えて平等であること。ことばを機能させるための第一の条件は、対等であることです。相手の価値を貶めるような態度は慎まなければなりません。もちろん、だからといって、部下におもねってはいけません。

コミュニケーションを交わすときに、平等な立場を上司がとることで、部下を認めているというメッセージ、部下に責任ある態度を求めるというメッセージ、そして、お互いに学ぶというメッセージを伝えることができます。
たとえ、指示命令、教育、トレーニングをするときであっても、同じ態度でいることが望ましいでしょう。

ある販社の営業企画課長は、新しい営業所に異動になったとき、多くの営業マンをマネジメントしていくうえで事前にいくつかのことを決めました。そして今も実践しています。

- いつも話しやすい環境をつくる。
- 夕方はパソコンを閉じる。
- どんなに忙しいときでも部下から話しかけられたら、それを聞くのを最優先にする。
- 機嫌がよいときも悪いときも対応を変えない。
- みんなが困っていることに関しては、部長にかけ合うなどすぐ解決する方向に動く。
- 話をするときは腕を組んだりふんぞり返ったりしない。
- 話の腰を折らないで、徹底的に聞く。
- 怒らない。しかし、注意はする。

・相談がなかった案件には厳しく対処する。
・「相談した時点で責任は上司である自分に移る！」と言う。
・指示は的確に、そしてあまり多くは求めない。
・絶対にやることと、やらなくていいことを明確にする。
・資料やデータの提出日は「いつまでだったらできる？」と確認して決めさせる。
・人によって受け取り方が違うので、重要なことは一人ひとり伝え方を変える。
・すべてにおいて、なぜやるのか、どうしてやらなければならないのかを説明する。
・「全部やれっ！」と言ってもできないので、指示にメリハリをつける。

会話の起こる〈場〉は偶然にできるわけではありません。それを目的に、計画し、実行し、継続してはじめてできるものです。そして、〈三分間コーチ〉の目的は、部下をどうするかにあるのではなく、そこに、双方向のコミュニケーションの起こる〈場〉をつくることです。

第3章

そこに、その〈場所〉をつくる

1　どうやって、声をかけるのか?

気のきいたことを言わなくていい

〈三分間コーチ〉が双方向のコミュニケーションの〈場〉をつくっていくことが、組織の成長と目標達成に必要だということ、そして、その〈場〉のためには、何をどう話すかではなくて、その頻度と場面が大事だ、という話をこれまでしてきましたが、とはいっても、具体的に、どんなふうに声をかければいいのか？　というのが、本書を読んでいる方にとっての大きな関心事のひとつだと思います。

実際、声のかけ方、質問の仕方次第で、部下は思っていることを自由に話しもすれば、表面的なこと以外は口をつぐんでしまいもするのを、マネジャーたちは身にしみて知っています。

まず、最初に知っておいていただきたいのは、気のきいたことを言わなくていい、ということです。気のきいたことを言おうと気負って部下の前に立てば、その気負いだけが伝わってしまいます。〈三分間コーチ〉は、気のきいたことを言う必要などありません。起承転結もいりません。ともかく、三分間の会話の終わりは、「続きは、また明日」「今日は話せてよかった」で十分です。

「何かあったらいつでも聞いてね」では、聞けない

前の章でもお話ししましたが、「何かあったらいつでも聞いてね」、これでは、部下は聞きに来られません。だいたい、何かあったら、なおさら聞けません。それに、そもそも何を聞いたらいいのか、それがよくわからないというのが現状です。何を知らないのか、それを知らない人には、そもそも質問などできないのです。

では、どうすればいいかというと、まず、上司であるあなたから部下に対して具体的な質問をすることです。その質問を通して、部下は質問の仕方を学びます。

そのようにして、部下が質問できるようにするのが上司の仕事です。

ある自動車販売会社のマネジャーは、部下が営業に出かける前、以前は、ただ「がんばれよ」と言っていたのを、コーチングの研修後、

「どこに行くの？」

「今日どんな感じで売っていくの？」

と、具体的に尋ねるようにしました。

すると、それだけで、部下の売り上げが上がったといいます。営業前に話をさせることで、部下の頭が整理されたり、足りないところが明らかになって準備し直したり、その場でロールプレイをすることができるようになったからだそうです。

さらに、部下が営業から帰ってきたあとも、それまでは漠然と、「どうだった？」と聞いていたのを、「朝言っていたような感じで売れた？」とか「で、朝、言っていたあのお客さまはどうだった？」と、具体的に聞くことができるようになったそうです。

三分間は、〈**コーチング・カンバセーション**〉には十分な時間ですが、雑談を交えるには

短すぎます。できるだけ具体的に、そして、率直に本題に入りたいものです。

・「スケジュールについて聞きたいことがある」
・「会社のビジョンやミッションについて、どう思っているか聞きたい」
・「営業のスキルについて尋ねたいことがある」
・「ストレスはたまっていない？」
・「休みのとり方、相談してね」
・「パソコンなど、ツールの使い方で、困っていない？」
・「人間関係、コミュニケーションについて、少し話そう」

このように、上司のほうが具体的な質問をしていけば、やがて、部下も具体的な質問ができるようになります。もちろん大きな質問と小さな質問を織り交ぜながら会話します。

要するに、上司が質問の仕方のモデルになることです。そうやって、部下に質問の練習をさせることもできるのです。

3秒間ナレッジ⑱

部下が質問できるようにするのが、上司の仕事。

「質問」と「質問のようなもの」

基本的には何を聞いてもいいのですが、気をつけなければいけないことがいくつかあって、その代表的なものが、相手が「はい」としか答えようのない質問をしてしまうことです。

実際、上司のする質問の多くは、部下に「イエス」を言わせるためのものです。

「元気か？」「はい」

「仕事は順調か？」「はい」

あるいは、自分の求めている答えに誘導するための質問もあります。

「今日のわたしのプレゼン、どうだったかな？」

「いやあ、さすが、感服いたしました」

それから、質問を使って相手を貶める、というのもあります。

「どうもわたしの求めている答えは、きみからは得られないようだね」

これでは、最初から正解を持って質問しているわけで、正確には部下を試しているだけのことです。

また、質問を投げかけているようでいながら、結局は、自分の意見をそこで展開する、というのも上司のよくやる芸当です。

「僕はこう思うんだよ、それはね、ぺらぺらぺらぺら……」

これらを通して部下は学習します。

「適当に答えておこう」

「当たり障りのないことを答えておこう」

で、結局、上司は部下からほんとうに価値のある情報を引き出す機会を失うわけです。

部下には、質問に対して伸び伸びと自由でいられるようにしてやりたいものです。正解だけを求められるようになると、部下は萎縮してしまいます。それでは、部下を育てることはできません。

部下の創造性を引き出すことは、部下育成の重要な課題のひとつですから、当然、**〈三分間コーチ〉**の目的のひとつともなります。そして、創造性というのは「Beyond」つまり、「超える」ときに生じます。これまでの思い込み、枠を超えるときに生まれます。ところが、正しい答えを要求し続けると、創造性はどんどん萎縮してしまいます。

もし、部下の創造性を引き出そうと思うのであれば、「イエス」を要求しないこと。使えそうもないアイデアを一〇〇〇は聞く覚悟がいります。

部下はそもそもエモーショナルワークで疲れている

だいたい、会社の中で部下たちは、上司に対してエモーショナルワークを強いられているものです。エモーショナルワークというのは、人に気を遣うこと。

もとより、部下は、上司の機嫌を損ねることを恐れています。特に、上司のプライドやエゴを傷つけないように注意し、コミュニケーションを交わすときも、気を配っています。仕事上の提案や要望の内容よりも、むしろエモーショナルワークに、エネルギーが割かれてしまいがちです。

コミュニケーションは、基本的に対等な立場で交わされるものです。たとえ上司、部下の関係であっても、コミュニケーションを交わすときにはできるだけ自由な関係が望ましいのです。そうでなければ、コミュニケーションによってもたらされる成果が薄まってしまうからです。

部下に気を遣わせて、それで自分のアイデンティティーを保ったり、自分の不安を払拭するために、部下に「イエス」と言わせるような関わりの持ち方は改善されるべきです。

3秒間ナレッジ ⑲

正しい答えや「イエス」を要求し続けると、創造性は萎縮する。
創造性を引き出すには、
使えそうもないアイデアを一〇〇〇は聞く覚悟が必要。

That's it! それだよ！

教えたり注意したりするのではなく、よく観察していて、もしかしたら本人さえも気がついていない言動や行動に「それだよ！」と伝える。それが、もっとも効果的な「声のかけ方」のひとつです。これを〈**アクノレッジメント（承認すること）**〉といいます。

上司はよく「ほら、またやった！」と言わんばかりに、失敗のほうを観察しては、それを注意してしまい、本人も、その周囲の人たちも萎縮させてしまいます。しかし、この〈**アクノレッジメント**〉では、うまくいっていること、これからうまくいきそうなことを部下がやったとき、そのことを指摘します。ほめるのではなく、事実を事実として伝えます。そうやって、方向性を示します。

たとえば、

・会議の時間に全員がそろったら「時間どおりだね」。
（遅れたときに注意するよりも効果的です）

・クレームの電話を自分からとったときには、「自分から電話をとったんだね」。
・朝早めに出社して、仕事の準備をしているのを見たら、「毎朝早く来ているね」。
・失敗を報告に来たときには「自分から言いに来たんだね」。
・メールへの返事があったときには、「返事、受け取りました」。
・約束が守られているときは、「約束が守られているね」。
・企画書がよかったときは、「きみのつくった企画書はそのまま客先に出したよ」。

そのほか、
・ルーティーンの仕事に変化をもたらしたとき
・小さな創意工夫があったとき
・他人に対する思いやりを示したとき
・気のきいた行動があったとき

部下が、目標やビジョンが持てない、仕事に自信を持てないでいるとき、部下の顧客志向を高める必要を感じたときには、この〈**アクノレッジメント**〉が特に機能します。

部下の肯定的な態度や行動を〈アクノレッジメント〉することで、部下を方向づけすることができます。賞賛は評価ですが、〈アクノレッジメント〉は、「方向づけ」です。「ここまで来たね」という到達点と未来を示すものです。

〈アクノレッジメント〉の定義をより正確に言うと、「相手に現れている違いや変化、成長や成果にいち早く気づき、それを言語化して、相手にはっきり伝えること」です。そして、望ましくは、相手が自分自身ではまだ気づいていないことを、先に察知してそれを伝えることができれば、より効果的な〈アクノレッジメント〉になります。

人は、自分のやったことを通して、自分自身の成長や変化を知ることに喜びを覚えます。そのこと自体に達成感を持ちます。この「自己成長感」が、人のやる気や自発性を強く促すエネルギー源となり、人を結果重視型から、プロセス志向型に移行させます。そして、仕事自体を楽しむようになります。

〈アクノレッジメント〉は、部下の自己成長に対する認知を援助するスキルとして、また、無理なく変化に適応していく力を育成するスキルとして、〈三分間コーチ〉が行うコーチングの重要な柱となるでしょう。

3秒間ナレッジ 20

部下の肯定的な態度や行動をアクノレッジメントすることで、部下を方向づけることができる。

部下の話を聞く

一昨年、ニューヨークで行われたエグゼクティブ・コーチングの国際カンファレンスで興味深い発表を聞きました。アメリカのあるコンサルティング会社が過去半年以内に自社を退職した退職者について、なぜ辞めたか、その理由を第三者機関を使って調査した結果です。

なかでも印象的だったのは、同社のシニアパートナーだった女性のインタビュー結果で、彼女は、高い業績をあげ、社外、社内の両方から信頼が厚く、将来を嘱望されていた女性だったので、彼女が辞めたことは同社にとって大きな痛手でした。

仕事もうまくいっていたのに、なぜ、彼女は転職してしまったのか？

彼女がインタビュアーに語ったところによると、彼女は、半年にわたり外部のヘッドハンターから、ヘッドハンティングを受けていたそうです。ヘッドハンターは頻繁に電話をかけてきて、そこで、将来どうしたいのか、何を実現させたいのかなど、彼女のビジョンについて、たくさん話を聞いてくれました。そのヘッドハンターとの会話がきっかけとなって、彼女は将来について考えはじめ、そして、転職を決めたということでした。

最後に、彼女は調査会社のスタッフにこう言ったそうです。

「社内には、そのヘッドハンターのように熱心に、わたしのビジョンを聞いてくれる人はいませんでした。そもそもわたしの話を聞くために時間をとってくれる人はいなかったのです」

部下が話す機会をつくる

上司は、何をどうやって部下と話したらいいのかとそのことを心配しますが、それよりも心配しなくてはいけないのは、いかに部下の話に耳を傾けるかです。いかに、今やっている仕事の進捗状況を、彼らに彼らのことばで話す機会を与えるかです。

話す機会が与えられれば、部下は、懸命に自分の仕事の状態を説明しようと試みます。人に自分のやっていることを聞かせることができるようになるには、自分がそれについて十分理解していなければなりません。したがって、話すことを通して、自分の業務についての理解も、自然と深まります。部下に仕事の進捗を話す機会を与え、そして、提案・要望を伝えることは、部下のモチベーションをあげるのに、もっとも近道のスキルです。

実際、わたしどもが、企業のマネジャークラスとその部下に対して行った「コーチング・スキル・アセスメント（CSA）」（対象者本人による評価とその部下からの評価を測定し、そのギャップを明確にするもので、対象者自身の課題を明らかにするとともに、全員の結果を集計・分析することにより、組織の課題も把握することができる）でも、上司の〈聞く〉スキルの高い部署では、全体に業務がうまく回り、かつ部下のモチベーションも高く、結果として、業績も高くなっていることが認められました。

2　どうやって部下に話させるのか？

そもそも部下は話さない

前の項の最後に、自分が話すことより、いかに部下の話を聞くか、いかに部下に話させるかが重要なポイントだとお話ししました。

けれども、実際のところ、部下はいつでも何でも、自分から話してくるわけではありません。というより、そもそも部下というのは話さないものです。特に、若手の社員は決して自分からは話しません。話したとしても、ごく限定的なことしか話しません。部下を一人でも持ったことのある人ならだれでも、部下をコミュニケーションする気にさせるのがそうそうたやすいことではないのを知っていると思います。

部下とのコミュニケーションでいちばんむずかしいのは、あまり話さない部下との間に、いかにコミュニケーションを起こすかでしょう。または、決まったことしか話さない、本音の見えない部下と、いかに本音のコミュニケーションを交わすかでしょう。

たとえば会議では、よほどうまく進行しないと、話す人が限られてしまいます。一般に、会議の席上、面と向かって話しているときに、部下が黙りこんでしまったり、決まりきった反応しかしなくなるときほど、上司が自分の無力を感じることはありません。面談でも同じことが起こります。黙って聞いているからといって、彼らが自分の考えに同意しているわけでないことは十分察知できます。

いかに自分の考えていることや会社の方針をうまく部下に伝えるか、または、彼らを説得できるか、それも大事ですが、それ以上に、彼らをコミュニケーションを交わす気にさせることのほうがずっとむずかしいと、多くの上司が感じていると思います。

なぜ、部下は黙ってしまうのか？

では、なぜ自発的に発言しないのか？　なぜ質問しても答えないのか？　なぜ何の提案もないのか？　なぜ黙ってしまうのか？　これらについては、あまり理解されていないように思います。

そこで、さまざまな機会に、わたし自身の部下たちにインタビューをしてみました。どちらかというと、わたしには言い詰めてしまう傾向があり、このインタビューの最中も、沈黙の反撃を何度か受けました。

こちらが思ったような答えを要求したり、せかしたりすると、相手は黙ってしまいます。または、こちらの思うような答えをしてきます。それでは役に立ちません。多くの場合、この手のリサーチは外部の調査会社に依頼する理由のひとつが、そこにあるのでしょう。

さて、どんなときに黙ってしまうのか？

「自分の意見に自信がないとき」

「ふだん、あまり業績がよくないのに、意見だけ言うのはまずいと思う」

「思っていることをうまくことばにできない。まとめている間に話が移ってしまう」

「変なことを言って浮いてしまいたくない」

「意見を言える立場ではない」

「あまり役に立ちそうな考えがない」

「言いたいことを他の人が先に言ってしまったから」

「何を言っても結局、上司の意図したところに誘導されるのがわかっているから」

「最初から求められている答えが決まっているから」

「上司の意に沿わないことを言ったら、責められるから」

「自分には重要なことでも上司は軽視している。そこではとても話せない」

「自分の話以前に、上司は自分に興味を持っていない」

「自分がしゃべることを期待されているとは思えないから」

「どうせ言っても無駄だから」

「上司が明らかに自分の話を聞いていないのが態度でわかるとき」

部下の言い分が全部正しいわけではありません。けれども、彼らが黙っているときにはそれなりの理由があります。一人ひとり理由は違いますが、黙っていることには理由があるのです。

人と話すことに慣れている人は忘れてしまっているかもしれませんが、初対面の人と向き合ったとき、自分が失敗をして弁明をするとき、自分の要望を伝えるとき、お願いするとき――それはちょうど、飛び込み台の上から、プールを見下ろしているときと同じ心境なのです。続けて何度も飛び込んでいればどうということもないでしょうが、慣れていない者にとっては、いきなり高さ十メートルの飛び込み台の上に立って飛び込めと言われても無理な要求なのです。

もちろん、いずれどこかでジャンプする必要はあります。でも、そのためには練習の機会が必要です。

いきなり10メートルの高さからは飛び込めない

そこに、その〈場所〉をつくる

どんな条件がそろったら話し始めるのか？

ではいったい、どういう条件がそろったら、話し始めるのでしょうか？


「頼られている、任されている、認められていると感じるとき」

「話してもいいという安心感があるとき」

「答えやすい質問を受けたとき」

「受け入れられていると感じるとき」

「具体的な質問を受けたとき」

「自分の意見を尊重してくれていると感じるとき」

「自分へのリクエストがはっきりしているとき」

「それは何？　どんなこと？　と、興味と関心を持ってくれていると感じるとき」

「自分と話すために時間をとってくれている」

「結論だけではなく、プロセスにも興味を持ってくれている」

「押しつけてこない」

「ブレーンストーミングなのか、何かを決定する会議なのか事前にわかっているとき」

「身を乗り出して聞いてくれているとき」


十メートルの高さから飛び込ませるのではなく、一メートルとか三メートルのところから少しずつ毎日なら、飛び込ませることはできます。継続的な〈三分間〉には、その意味も込められています。

さて、あるガソリンスタンドの店長は、スタンドの中をいつも忙しく動き回り、スタッフに声をかけます。彼が店長になるお店はつねに売り上げがトップになります。彼は当時弱冠二十六歳。


「今、お昼ごはんのことを考えていなかった?」

「いえ、考えていませんでした」

「そうか」

そう言って、ほかのスタッフのところへ行ってしまう。そして、また戻ってきて、

「今、頭に浮かんだこと、言ってみて」

「今ですか？」

「そうそう、頭に浮かんだこと、何でもいいよ」


彼は無理に返事を要求しません。たとえ挨拶をして返事がなくても、それをとがめることはありません。

挨拶に返事がなくてもいいのです。むしろ、返事がなくて不安になるのは上司のほうで、その不安を解消するために部下を叱ってしまうのです。でも、それでは、何のためのコミュニケーションかわからなくなってしまいます。


彼は言いました。

「わたしの仕事は、彼らが話してみたいと思わせること。そして、彼らが話すことを通して、自信を持って仕事ができるようにすることです。だから返事はなくても、とにかく声をかける。そして、少しずつ彼らについて知っていって、そして、少しずつ話をするようにするんです」

3 信頼関係を築く

互いに〈居場所〉をつくる

わたしたちは人と関わるとき、まず、お互いの距離を測るものです。相手にどこまで近づいていいのか、どこまでことばにしていいのか、その距離をつかむ。そうしないと、いつまでたっても、自由にものを言うことができないからです。この、お互いを詮索するためのコミュニケーションを交わさなくてよくなった状態が、「お互いに理解し合っている状態」だともいえます。

それは、ことばを替えれば、互いに〈居場所〉を持つことです。わたしたちは、自分のことについて知っている、理解してくれている人がいることで、そこに自分の〈居場所〉を持つことができます。

たとえば、だれでも、仕事で失敗することがあります。その背景に、仕事の能力だけではなく、家庭の事情やプライベートな事情がある場合があります。たしかにそれを会社に持ち込むのは問題ですが、それでも、そのことを知ってくれている人がいれば、特にそれが上司なら、そこに〈居場所〉ができます。

このように、わたしたちには、完全に否定されてしまわない、または、事情を理解してくれている、むしろ受け入れられている、そういう〈居場所〉が必要です。〈居場所〉があること、安心感があること、それが人間が行動するときのベースになります。戻るところがあればこそ、行動も起こせます。〈居場所〉のあることが行動の起因になります。

もう一点、相手を理解することの重要性は、そもそもわたしたちが〈関わり〉の中に存在しているという点にあります。わたしたちは孤独な存在ではなく、〈関わり〉の中に存在しています。だから、人との〈関わり〉が薄くなると、孤立感が生まれ、孤立感が強くなると、自意識過剰になったり、被害者的な心理状態になったりしがちです。そうなると、人との関係はますます疎遠になってと、負のスパイラルに陥ってしまいます。

けれども、そういう状態にある人でも、ひとたびお互いを理解する機会があると、相手を理解し自分を理解してもらう過程で、〈関わり〉を取り戻すことができます。

必要以上にプライバシーに踏み込まなければいけないわけではありません。しかし、仕事で見せている以外の、人間的な〈生〉のその人に触れることで、〈関わり〉を取り戻すことができます。

〈関わり〉があるという実感は、〈居場所〉そのものなのです。

3秒間ナレッジ 21

部下は、職場に〈居場所〉を求めている。

好意を伝える

上司の仕事は、部下に仕事をさせることではありません。部下を自分から進んで仕事をやろうという気にさせることです。そのためには、部下に期待や要望などを一方的に伝えたり、正論を言うだけでは十分ではありません。ふだんから部下との間に、「いい関係」を築いておく必要があります。

部下との約束を大事にすること。それと同時に、部下にどれだけ「好意」を示しているか、部下をどれだけ「承認」しているかが問われます。人はだれでも、自分を認めてくれる人と仕事をすることを好みます。また、自分のことを好きな人を好きになる傾向がありますから。

仕事の出来不出来とはまた別に、いっしょに仕事をしている仲間として承認する。たとえ会社の中で上下関係があるとしても、部下をひとりの人間として認め、尊敬する。「いっしょに仕事ができてうれしい」「きみといっしょに仕事をするのは楽しい」と伝えるのです。

講演でこの話をすると、そんなことはできない、言わなくてもわかっているはずだという声があがります。たしかに、いつの時代でも自分の好意を伝えるのは勇気がいることです。自分自身を振り返ってみてもそうです。今伝えたほうがいいと思っても、踏み出せないことはよくあります。

それに一度できたからといって、次から自動的にできるようになるわけでもありません。毎回、勇気が必要です。

さらに、好意はことばだけで伝わるわけではありません。そのときの声のトーン、目つき、顔つき、姿勢などが大きく影響します。腕組みして斜に構え、「きみを信頼している」と言っても伝わるものではありません。

3秒間ナレッジ 22

お金のためではなく、恐れからではなく、
好意と信頼のなかで、人は進んで仕事をする。

さて、部下との信頼関係は毎日築いていくものですので、部下の一人ひとりについて、次のことをときどき振り返ってみます。

- 今日一日に部下の名前を何回呼んだか？
- 部下とどのくらい視線を合わせていたか？
- 部下にいちばん最後に自分の好意を伝えたのはいつか？
- 部下が昨日どんな洋服を着ていたか思い出せるか？

毎日見ているつもり、聞いているつもりになっていても、案外見てもいないし、聞いてもいないものです。

要望する

部下と「いい関係」を築くということは、部下におもねることでもなければ、言うべきことを言わないことでもありません。それは、また、あなたがしてほしいと思うことを真正面から〈**要望**〉することによっても醸成されます。

多くの場合、上司は、要望する代わりに、上から命令するか、会社の方針だからと相手に迎合するか、こうすべきではないかと正論を述べます。そうやって、部下を動かそうとします。はっきりと要望することを避けようとします。上司もまた、部下からの「ノー」を恐れているからです。

しかし、ほんとうの信頼関係は、してほしいこと、してほしくないことを要望することによって築かれます。そもそも、コミュニケーションとは、相手に要望することなのですから。

話を聞いてほしいときには、

「わたしが話しているときには、こちらを見て聞いてください」。

後輩の育成を求めるのであれば、

「後輩の話を聞いて、彼を育ててください」。

納期を守らせたければ、

「納期を守ってください。時間どおりに出社してください」。

決して脅すのでもなく、命令するのでもなく、〈要望〉する。
目を見て、はっきり〈要望〉する。
遠まわしな言い方ではなく、直接、毅然と要望する上司を部下は尊敬し、信頼します。

3秒間ナレッジ
23
直接、毅然と〈要望〉する上司を部下は尊敬し、信頼する。

第4章

これについてコーチする

1　ビジョンをつくる

　ここまで、〈三分間コーチ〉にとって、頻度と場面が重要だということと、その機会のとらえ方と声のかけ方について、お話ししてきました。

　では、具体的には、何がそのときのテーマになるのでしょうか？

　要するに、どんなことを話したらいいのでしょうか？

少し先の未来を見せる

　譜面を見ながら楽器を演奏するとき、演奏者は目の前の四分音符や八分音符を見て、その音を出しているわけではありません。二、三小節先、あるいはもっと先を見ながら、今の音を出しています。
コーチングも同じです。少し先の未来をコーチします。やり方は簡単です。
「視線」を未来に向けるだけです。

このとき、上司が部下に、一方的に、自分や会社が描いた未来のイメージを見せてもうまくいきません。たいてい、会社や部署のビジョンは、そういう形で示されますが、実は、それでは部下は動けません。
コーチングのイメージは、会話する二人が向き合ってしまうのではなく、一枚のカンバスに向かって、二人で座る。そして、部下が絵を描くのを見ながら、会話する。あるいは、二人で並んで座って、望遠鏡や双眼鏡で、同じ遠くのものを見る。そして、それについて語る。そんなイメージです。

「今日はここまでできたんだね」
「これが三年後のきみだね」
「ここには何が描かれるのかな」

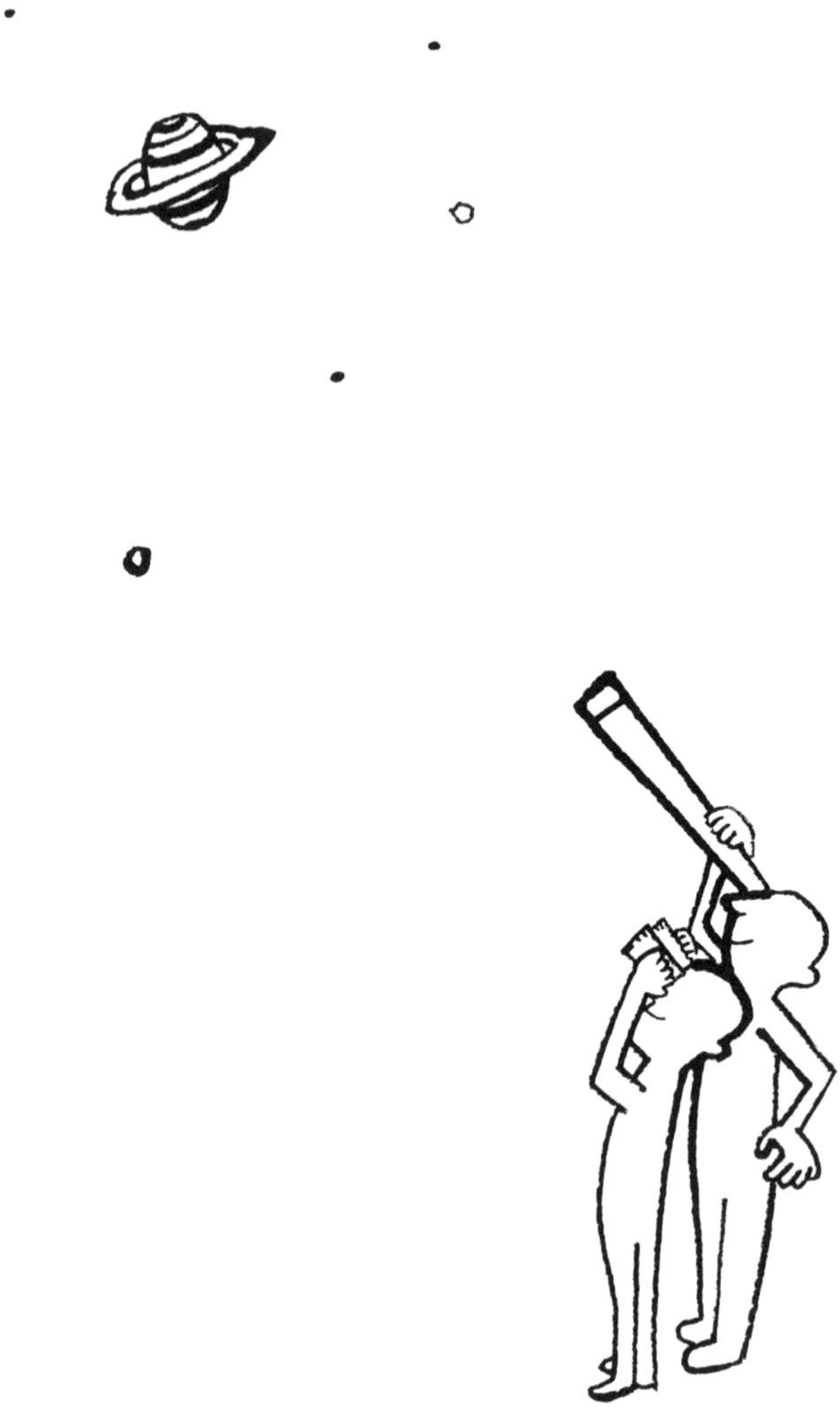

少し先の未来を見せる

ボストンシンフォニーの著名な指揮者、ベンジャミン・ザンダー氏を日本に招へいしたとき、尋ねてみました。

「指揮者は何をしているんですか？　リズムをとっている？　または、演奏者にキューを出しているんですか？」

「リズムなんてとらない、ダンスしているわけじゃないんだから。それに、みんな一流の演奏家で、彼らにキューなんて出さない」

「それじゃあ、何をしているんでしょうか？」

「少し先の未来を指揮している」

未来には可能性があります。未来をコーチするということは、すなわち、「可能性」を開くということです。部下の可能性を開くのが上司の仕事なのだと思います。

ビジョンはつくり続ける

以前、アメリカで、ゴルフのコーチを受けたときのことです。毎回「イメージ」をつくってからボールを打つように何度も注意されました。そこで、聞きました。なぜ、毎回イメージをつくる必要があるのかと。すると彼は答えました。

「イメージは記憶できないから」

そう、イメージは記憶できないのです。同じように、「ビジョン」も記憶できません。

人は、意識するしないにかかわらず、未来にビジョンを描き、それにしたがって行動しています。会社におけるビジョンもあれば、個人としてのビジョンもあります。たとえば、経営者なら、自社の商品が日本中、あるいはニューヨークでもドバイでも売られているビジョンを描いているかもしれませんし、若手の営業マンなら、堂々と大きな商談をまとめている自分の姿、そのときの話し方、表情を、ビジョンとして持っているかもしれません。

こうしたビジョンをどの程度鮮明に持てているかは、人によって異なりますし、同じ人でも、そのときによって違います。ただひとつ、はっきり言えることは、それがはっきりしているときほど、動きやすく、モチベーションやパフォーマンスが落ちているときというのは、それが不透明になっていたり、混乱してしまったり、なくなってしまっているときだということです。

ですから、部下のビジョンを（そして、自分のビジョンも）つくり〈**ビジョン・メーキング**〉、つねに明確にしておくことは、マネジャーにとって重要な仕事です。つまり、〈**三分間コーチ**〉の重要なミッションとなります。

では、この〈**ビジョン・メーキング**〉は、どのように行われるのでしょうか？

結論から言うと、ビジョンというのは、たった一人で目を閉じれば、そこに浮かんでくるようなものではありません。それは、会話を通じ、問いかけを通じ、さまざまな可能性を思い描く過程で鮮明になっていくものです。

「ほかの選択はないの？」
「ほかの人の考えは聞いてみましたか？」
「一年後、二年後にはどうなっていると思う？」
「三年後から今の自分を見ると何が見える？」

いったん鮮明に絵が描けたからといって、それでおしまいにしてはいけません。放っておくと、すぐに不透明になってしまいます。イメージもビジョンも記憶できないのですから。このプロセスを継続的にやっていくことで、ビジョンが実現する確率は格段にアップします。

3秒間ナレッジ 24

ビジョンは、コミュニケーションを交わすなかで鮮明になっていく。

3秒間ナレッジ 25

ビジョンは、つねにそれについて語り続けていないと、すぐ見えなくなる。

わたし自身、今もコーチをつけています（ゴルフではなく、ビジネスコーチです）。わたしのコーチは、セッションのたびに「ビジョン」について話そうと言います。思えば、ずっとビジョンをつくり続けています。一年後のビジョンを一年かけてつくっているようなものです。

「ビジョンは最初につくって、あとは実行するんじゃないんですか？」

「そうだ」

「でも、ビジョンをつくるのに時間をかけすぎませんか？」

「ビジョンはつくり続けてはじめて、ビジョンなんだ。ビジョンをつくるのをやめてしまうとその瞬間、ビジョンは力を失う。一度完全なビジョンをつくれば、それで、未来に向けて走れると思っている人がよくいるが、そんなことはありえない」

「ずっとつくるということですか」

「そうだ、ビジョンと行動を分けて考えないんだ。ビジョンについて話す過程で、リアリティは形づくられる」

気づいているいないにかかわらず、わたしたちが行動を起こしているときというのは、

すでに心にイメージを描いているときです。行動とイメージは、基本的にリンクしているものなのです。ですから、

ゴルフをするときに「どんなイメージ？」。

営業前にも「どんなイメージ？」。

日ごろから、「今、どんなイメージを持っているか？」について聞くことが、部下の行動をうながす非常に効果的なコーチングとなります。

近い未来、二年後、三年後――〈三分間コーチ〉として、上司はつねに、少し先の未来を話しましょう。未来を予測していくのです。ときには、未来から今を見ることも試みます。そして、今の行動に結びつけていくのです。

2　問いを共有する

「問う」のではない。問いを共有する

ホテルのスタッフに向けたサービスに関する研修で、そのホテルのゼネラルマネジャーは、そこに集まった百人近いスタッフに向けて問いかけました。

「きみはどんなサービスをしてみたい？」

みんな、しばらく考え込んでいましたが、少しずつ発言が始まりました。一人が話すと、それにつられて、ドアボーイもコンシェルジュも自分のアイデアを言い出しました。

そこで、ゼネラルマネジャーはまた聞きました。

「きみはどんなサービスをしてみたい？」

たくさんのアイデアが出ました。そのほとんどは、素人目にも使えないものでしたが、それでも彼は同じ問いかけを続けました。最初から最後まで、同じ一つの問いを繰り返しました。

「どんなサービスをしてみたいですか？」

やがて、二時間が過ぎ、研修は終了しました。彼はスタッフに向かって言いました。

「今日はすばらしい研修でした。みなさん、たくさんの意見をありがとう。引き続き考えてください。どんなサービスをしてみたいか？　思いついたらいつでも教えてください。では、今日はこれで終わります」

一人のスタッフが、彼に尋ねました。

「まだ、サービスについて何も教えていないし、何も決まっていませんよ」

「これでいいんです」

「どこが、ですか？」

「彼らは、どんなサービスをしたいか、それについて考えるようになった。それに、その問いかけをスタッフ全員で共有しました」

「はあ」

「教えられて、マニュアルどおりにやっているのでは、サービスにはなりません。お客さまは、サービスしてみたいというスタッフの心意気に感動するんです」

「そういう狙いがあったことには気づきませんでした」

「それに、問いは共有されたので、スタッフは、これからお互いに話すようになるでしょう。どんなサービスをしてみたいか、それから、サービスとは何かについて」


コミュニケーションが活性化するには、それなりの環境が必要です。その環境とは、談話室ではなく、イントラネットでもなく、〈**問いの共有**〉です。

会社全体で、部や課で、上司部下の関係で、〈**問いが共有**〉されていることです。それによって、コミュニケーションを始める動機が生まれます。

〈**問いが共有**〉されていればこそ、問いかけに対して、自分はどのような行動をとるべきか、どのような判断を求められているのか、また、自分はどの位置にいるのか、それらを知るために、コミュニケーションを交わす必要が出てくるでしょう。いっしょに仕事をしている人たちとの間でコンセンサスをとる必要も感じてくるでしょう。

だから、声をかけ、話す。そして、相手の考えに耳を傾けるようになります。

3秒間ナレッジ 26

会社のコミュニケーションを活性化するには、〈問いを共有〉する。

すでに組織はいくつもの〈問いを共有〉しています。

「顧客は我々のサービスに満足しているだろうか」

「社員は仕事の何に満足しているだろうか」

「会社の未来とは」

もっと身近な問いもあるでしょう。

「次のイベントのテーマは何にしようか」

「このプロジェクトの売上げゴールはいくらに設定しようか」

「これをなんとしても納期に間に合わせるには、どういう手があるか」

「このクレームから何が学べるか」

「もっとよいネーミングはないか」

「彼を元気づけるいいアイデアはないか」

こうした、今、社内で起こっているさまざまな問題、あるいは大小さまざまなプロジェクトそのものが〈問いかけ〉となり、〈三分間コーチ〉にとってのテーマとなります。わざわざ特別な〈問いかけ〉を考える必要はなく、すでに問われていることをクローズアップするだけです。特に未来に向けて共有したい〈問い〉をクローズアップするのです。

それと、もうひとつ。答えを強要してはいけません。一人ひとりが自由に考えることに意味があります。〈問いの共有〉を消滅させるのは簡単。たったひとつの正しい答えを強要することです。

〈問いの共有〉が行動を起こす

このように、コーチングのベースには、〈問いの共有〉があります。そして、それは無理につくり出すものではなくて、すでにそこにあるものです。あとはそれに気がつくだけです。それに気がつけば、いつでもそれについて声をかけ、その「共有されている問い」について話し始めることができます。自由に話させることができます。

部下は、問いかけられることによって、ふだんは持っていなかった視点を持つことになります。自分だけの小さな世界ではなく、もっと大きな世界からの視点、複数の視点を持つことになります。それによって、組織の中における自分の責任や、役割に対する意識も高まります。

また、ほとんどの〈問い〉は未来に向けられているものなので、当然、視線は未来に向けられ、より自律的、自発的な行動が促されることになります。人は未来に向けて動くことを好む傾向にあるからです。

「近い将来、我々が遭遇するリスクには何があるだろうか？」
「我々のサービスは今世界一だろうか？」
「今、仕事に情熱を持ち込んでいるか？」

そもそも〈問い〉には、人を「わかったつもり」から、行動へと移行させる力があります。問われれば、どうしても「わかったつもりでいたのに、まだわかっていないことがあった」ということに気がつかないわけにはいかないからです。

「わかったつもり」とは「安定」した状態です。いわば、現状に胡坐をかいた状態ですから、当然、行動は起こりにくくなります。「わかったつもり」になっている人たちは、「そんなことはもうわかっている」「だから、言っただろう」「だって、こうなんですから」と決まり文句を言います。彼らの行動は遅く、パターン化していて、ときに、強面の上司ですら、このわかったつもりの部下を動かすのはむずかしいのです。

けれども、恒常的に「問われ」続けると、これはもう「わかったつもり・安定」から「わからない・不安定」へとシフトしないわけにはいかなくなります。

すると、どうなるか？

行動が起こるのです。

人は不安定になると、安定するために行動を起こすものです。そして、そのときは、新しい仕事のアサイン、新しい役割を任命するなどのよいタイミングともなります。

もうひとつ、〈問いを共有〉することの大切な働きがあります。

それは、わたしたちの頭の中に常駐する、非生産的な「問い」を追い出す働きです。

実は、わたしたちは最初から、頭の中で常に自分に問いかけているのです。いつもほとんど同じ問いです。

「ほんとうかな？」

「このままでいいんだろうか？」

「だいじょうぶだろうか？」

これは無意識に発せられる「問い」なので、放っておくと、すぐにこれでいっぱいになってしまいます。別の「問い」を積極的に起こさない限り、この「問い」が頭の中を占拠してしまいます。だから、これらの「問い」の居場所がなくなるよう、つねに、**〈未来に向けた問い〉**を投げかけ、そして、共有していくのです。

3秒間ナレッジ 27

〈未来に向けた問い〉を共有し続けないと、人の頭はすぐ非生産的な問いに占拠される。

3　個人の目標を設定する

「それで、わたしはどうなるのか?」

会社の少し先の未来を見せ、わくわくするようなビジョンを語り、〈**問いを共有**〉する。さあ、それに向けていっしょに走りだそう！　としても、口で言うほどには、部下が本気になっていない、今ひとつ情熱が感じられない、というようなことはないでしょうか。

その場合、たいていは、いちばん大切なことが抜けているからです。彼らにとって、いちばん大切なことが……。

わたしたちの関心事とは、すべて自分に関することです。組織においても、そこで働く個人にとってのいちばんの関心事は、自分自身に関わることです。経営者が、会社の目標や目的、輝かしい未来をどんなに力説しても、社員の関心事は、要するに、

「それで、わたしはどうなるの？」

耳は経営者の熱弁に向けながらも、意識は、この最大の関心事に集中しています。それが、変革をともなうものであればあるほど、「で、わたしはどうなるのか」と、心の中で不安を駆り立てています。

それは決して、会社のことをないがしろにしているということではありません。ただ、会社のゴールに向けて仕事をしながらも、社員のいちばんの関心事は、「わたしの未来」にあるのです。

WIIFM

このことについて、わたしのコーチだったダグはよく言っていました。

「どんなときにでも、ＷＩＩＦＭが大事だ」と。

ＷＩＩＦＭというのは、「What's in it for me?」の頭文字をとったことば。

日本語にすると、

「わたしが手にするものは何？」

となります。


たとえば、部下が目標を設定するときに、彼らの目標を聞いて、「それが目標なんだね」なんて、簡単に理解したようなふりをするのは問題です。


ダグは言います。

「みんな、会社や組織の求める目標を、まるで自分の意志であるかのように口にするけれど、たいてい、その目標は完璧には達成されない。必要なのは、一人ひとりに自分個人の目標を見つけさせることなんだ」

「ほんとうのゴールは、一見、目標と思えるようなものの先にある。それを見誤ってはならない。上司は、そのことを頭において、部下の目標設定をコーチする」

「それだけではなく、スタッフ一人ひとりの目標が、会社の目標とつながっているかどうかを確認しなければならない。そのために、一人ひとりに、自分の目標は何であるかを考えさせるんだ」

「What's in it for me ?」＝ＷＩＩＦＭ、つまり、これをすることで、わたしが手にするものは何か？　ということを考えさせるんだ」

「大事なのは、一方的に会社の目標を与えるだけでは、目標には至らないということ。それ以前に、部下一人ひとりの持つ目標が何であるかを知る必要がある、ということだ」

会社の目標を達成することで自分は何を手にするのか？＝一人ひとりの「ＷＩＩＦＭ」を明確にすることが目標設定のプロセスには不可欠なのだと、彼は強調しました。

『ＷＩＩＦＭ』をスキップして、アクションプランやスケジュールを決めたとしても、目標には至らない。たとえ、部下に目標に対するコミットメントを誓わせたとしても、彼らが、目標に向けて情熱を持ち込むことはない。重要なのは、部下が、頭で約束すること（コミットメント）をやめて、心（情熱）で動くようになることなんだ。それが、目標達成に向けた真の原動力だからだ」

ダグは、カナダやアメリカのローイング（ボート）のオリンピック強化選手のコーチとして、何人かの金メダリストを育てたのち、今は金融関係のエグゼクティブコーチとして活躍しています。そこで、彼に尋ねました。

「オリンピックの選手にも、やっぱり『ＷＩＩＦＭ』が必要なんですか？」と。

「Absolutely!　もちろんだよ。金メダルをとることで、自分がほんとうに何を手にするのか、何を手にしたいと思っているか、それがはっきりしていない選手で、金メダルをとった選手はいない」

『ＷＩＩＦＭ』がはっきりすると、練習に対する姿勢も、練習の質も変わる。そして、意識が変わる。金メダルをとって当然だというところへ意識がシフトする。金メダルをとるということは、『ＷＩＩＦＭ』をはっきりさせるプロセスでもある」

3秒間ナレッジ㉘

「それでわたしはどうなるのか？」

部下はいつもそれを気にしている。

これについてコーチする

たとえば、月初め、部下と目標を設定するとき、

「今月の目標は？」

「はい、五百万円です」

「がんばってね」

で、終わってはいけません。

「今月の目標は？」

「はい、五百万円です」

コミュニケーションは、そこから始まります。

互いのゴールを共有する

個人の目標設定が終わったからといって、それで終わるわけではありません。部下を取り巻くチームメートや上司、さらには部下の部下たちは、彼の目標を知っているのか、それを確認する必要があります。


「彼の今月の目標は？」

「で、彼のＷＩＩＦＭは？」


目標達成も、物事の実現も、たった一人でやれるわけではありません。それらはつねに、周囲との関係、協力によって達成されるものだからです。もし、目標達成に対して、単独でエベレストの山頂を目指すようなイメージを持っているとしたら、ただちに、その絵を描き替える必要があります。そこには、必ず、周囲のサポートと物心にわたる協力がありいます。そのような環境をつくり上げていくためにも〈問いかけ〉ます。


「彼の目標は？」

「彼のＷＩＩＦＭは？」


もちろん、答えを強要しないこと。先ほども言ったように、大事なのは答えを求めることではなくて、〈問いを共有〉することですから。


さて、ダグは経営者のコーチングをするときに、必ず次のように尋ねるそうです。

「あなたの秘書がどんな目標やＷＩＩＦＭを持っているか知っていますか？」

「……」

「彼女が自分のゴールを達成するのをサポートしてください。そうでなければ、彼女があなたのゴールをほんとうに理解し、その達成をサポートしてくれることはないですよ」

「思いもよらなかった。彼女はただわたしのサポートをするためにいる、それ以上のことは考えたこともないし、知ろうともしてこなかったから」

サポートしてくれて当然と思っている部下の目標、ＷＩＩＦＭを知らなければ、あなたの目標も達成されません。だれも、たった一人で目標を達成することはできないのです。

互いの目標を達成に向けて協力し合う環境づくり、それもマネジャーの仕事です。そして、そのために必要なのは、まず、互いの目標とＷＩＩＦＭを知ることです。

3秒間ナレッジ 29

互いの個人の目標を公開すると、その達成に協力し合う環境が生まれる。

4 今いる場所を示す

フィードバックとフィードフォワード

ビジョンを共有し、WIIFMを明確にし、目標を設定した！

さて、その目標の達成へ向けて、いよいよこれからがコーチングの本番です。もちろん、これまでのことも、ずっと続けていくわけですが、ここでは、それら以外に、目標達成の過程で、〈三分間コーチ〉としてマネジャーが扱うとよいテーマをあげます。

まず、〈フィードバック〉と〈フィードフォワード〉です。

〈フィードバック〉は、システムに備わり自らを守る、つまり壊れないようにするための制御機能です。たとえば、サーモスタットのように、温度が上がりすぎたときにそれを下げようとする機能がその代表ですが、急に雨に降られて軒下に避難するような場合、雨に少し濡れることもフィードバックになります。それを受けて人は避難行動を起こします。

一方、〈**フィードフォワード**〉もシステムの制御機能ですが、〈**フィードバック**〉が、「ある事態が生じ、その結果に対して制御機能を働かせる」という働きをするのに対し、フィードフォワードのほうは、その名のとおり、何かの兆候を感じたら、まだ起こっていなくても、すぐに制御機能を働かせることになります。

先ほどの例で言えば、雨が降っていなくても、雲行きがあやしければ、傘を持って出かける。この場合のあやしい雲行きとか天気予報が、フィードフォワードになります。

上司は、部下に今いる場所を知らせるために、このフィードバックとフィードフォワードを無意識のうちに行っているものですが、意識して、さらに積極的に用いるとよいでしょう。実際、部下の多くは、それを求めています。自分が今やっていることは、はたして目標に向かうことになっているのか、自分以外の視点を求めています。

フィードバックとフィードフォワードを通じて、わたしたちはより正確に自分の位置を測り、方向を定めることができます。これを生かしたコーチングは、たとえば、こんなふうに始められます。

〈フィードバック〉としては、

「今のきみのやり方を見ていると、わたしははらはらする」

「少し急ぎすぎているように見える」

〈フィードフォワード〉としては、

「チームの未来はどういうものに見える？」

「我々の顧客は、我々のサービスにどのぐらい満足しているだろうか？」

わたしたち——個人も会社も——が成功する鍵は、いかに未来を正確に予測できるかにあります。そのためには、まず、現状を明らかにすること。そして、雨にできるだけ早く気づくこと。できれば、雲行きを見て最初から傘を持って出るなど、先手先手を打っていくことです。〈フィードバック〉と〈フィードフォワード〉の習慣が欠かせません。

5　リソースを最大化する

マネジャーの役割、そして、コーチングの目的は、直接的には、部下の目標達成にありますが、それだけではありません。そのことを通じて、部下その人の能力を引き出すことにあります。つまり、彼自身のリソースを最大化させることです。

リソースとは、その人の持つ知識、スキル、ツール、経験、ネットワーク、及び、それらのリソースにアクセスできる能力、スキルをいち早く身につけるスキルなどです。つまり、「その人そのもの」であるとも言えます。

自分のリソースにアクセスし、それを表現できるようになることで、人は有能になります。人は、それぞれの〈場〉において自分の役割を満たし、仕事やプロジェクトで、より高く、より速く、パフォーマンスを発揮することによって、より有能になっていきます。

ところが多くの場合、わたしたちは自分が持っているリソースの存在自体を把握していません。たとえば、陸上の短距離走の選手の場合、持てる筋肉、神経系、フォーム、精神力、自分の身体をコントロールできる感覚、走るための動機などがすべて、彼のリソースになるわけですが、それらのリソースに気づいていないこともあるのです。自分のリソースに気づいていても、新しい状況で、それを活用する方法がわからないでいる場合も少なくありません。

かくして、リソースの棚卸し、強みの発見、チームメンバーの組み合わせの考慮、リソースを発揮する環境の選択などは、〈**三分間コーチ**〉にとってのテーマとなります。

個人のリソースというと、独立したその人のもの、というイメージがあるかもしれません。しかし、どんなに豊かなリソースを持っていたとしても、ただ持っているだけでは活用できません。それを発揮する〈**場**〉がなければ、活用しようにも活用できません。

たとえば、リフティングやシュートのうまいサッカー選手がいるとします。しかし、一人でリフティングしているだけでは、ただのショーです。有能な人とは言われないでしょう。ゲームの中でそのスキルが活用され、さらにそれがチームの勝利に貢献してはじめて、「有能な選手」となります。

オフィスでも同様です。個人のスキルや知識を効果的に活用し、それによって組織に貢献してはじめて、その人は「有能な人」となります。能力だけを磨いても引き出しても、それを発揮する〈場〉、表現する〈場〉がなければ、その人は「有能」とはなりません。

では、〈場〉とは何か？　といったら、人と人、全体との関係性そのものです。

つまり、自分のリソースを活用するためには、リソースにアクセスする手段を持ち、そのリソースを表現する〈場〉にいる必要があるということです。

リソースは、人との〈関わり〉によって引き出され、〈関わり〉の中で表現されます。そこに、〈関係を築く能力〉が備わっていなければ、リソースにアクセスすることも、それを表現することもできません。

3秒間ナレッジ30

一人では、自分のリソースを発揮できない。〈関わり〉の〈場〉があってはじめて、人は有能になれる。

会社だけがうまくいくということはありません。同じように、そこで働く個人だけがうまくいくということもありません。わたしたちは「二重生命」を生きています。人間の身体で言えば、わたしたちは細胞の一つとしても生きているし、身体全体としても生きています。その二つの生命を生きているという意識を持てないと、どちらもうまくいかなくなります。

自分自身との関係性、自分と相手、そして、自分と全体、これらの関係性を察知し、感じられる能力を持つとき、リソースは最大化されます。部下を、そして、自分自身を育てていくとき、このことを忘れないでいたいと思います。

第5章

コーチ型マネジャーの時代

1　そもそもコミュニケーションは大切か？

自社のコミュニケーションに問題はない？

講演や研修のなかで、よく、「社内のコミュニケーションに満足していますか？」という質問をしてみます。すると、毎回、手が挙がるのは一割以下、というのが、わたしの印象です。また、「部下の話を聞くために時間をとっていますか？」とも聞いてみます。こちらに手が挙がるのも、せいぜい一割です。総じて、社内のコミュニケーションにあまり満足していないケースが多いように思います。

にもかかわらず、それが放置されているのは、なぜでしょうか？

そもそも経営陣に、コミュニケーションが組織のパフォーマンスの向上の重要なファクターとなるという認識が欠如しているのでしょうか？

たとえば、次にあげるのは、コミュニケーションと企業に関して、よく言われることの例です。

・コミュニケーションは個人の問題であり、組織の問題ではない。
・自社のコミュニケーションにはほとんど問題はない。
・コミュニケーションと生産性は直接、関係はない。
・コミュニケーションは、組織のスピードを遅くする。
・コミュニケーションは、ときに組織を混乱させる。ときに浪費を生じさせる。
・コミュニケーションは空気のようなものである。
・コミュニケーションよりは、規則、予測、費用対効果、効率、ハイパフォーマンス、モチベーション、確実な収益、投資の回収、プラン、役割、経験、スキル、リーダーシップ、これらが優先する。

コミュニケーションは生産性に直結しています。

組織の活動のすべてに関係しています。コミュニケーションを交わさないでは、業務は円滑に前に進まないし、部下の育成もかないません。これは事実です。

それを否定する人はいません。そんなことはわかっている、コミュニケーションは大事だとだれもが言います。

しかし、だからといって、自分や自社のコミュニケーションに目を向けて、改善を試みる人は、きわめて少ない、それが現実です。

こんなコミュニケーションが社員を疲弊させている

一方で、社内のコミュニケーション環境の悪さを訴える社員は少なくありません。心理学者のアドラーは「人が仕事で失敗するのは、単に知識や経験が不足しているからではなく、その九〇%以上は、そこに関わりをつくり出せないからだ」と言っていますが、そのことに共感しない人はきわめて少ないと思われます。

次にあげるのは、悪いコミュニケーションとは、どのようなものかについて尋ねたアンケート結果からの抜粋です。

- ・相手を傷つけたり、へこますためのコミュニケーション。
- ・一方的、強制的、命令型、否定的、高圧的。
- ・指示の背景が不明など、納得しにくい対話。
- ・話の腰を折る、頭から否定する。
- ・笑顔がない、笑いがない。
- ・利己的、閉塞的、冷たい、機械的。
- ・話し手だけが納得してしまっている抽象的なコミュニケーション。
- ・ハラスメントを伴う(セクハラ、パワハラ等)。
- ・言いたいことが伝わってこない。
- ・言いっ放し、フォローがない。
- ・投げかけた問いに対する返事がない。

自分のコミュニケーションには問題はない？

さて、あるコーチングの研修の数ヵ月後、研修を受けたマネジャーに対する三六〇度のフィードバック調査を実施しました。質問の内容は、マネジャーのコミュニケーションの変化についてです。当のマネジャーもわたしたちも、当然、部下たちからの「よくなりました！」という答えを期待していました。ところが……。

「マネジャーのコミュニケーションはよくなったか」という質問に対して、たった三〇％の人たちしか「イエス」とは答えてくれませんでした。

ということは、残りの七〇％はあまり効果がなかったと評価している？　さすがにこちらも落胆していますと、先方の研修担当者は言いました。

「たしかに、よくなったという人は三〇％でした」

「はあ」

「しかし、よくなったとは言えないが、ふつうになった、と答えている人たちが六〇％いるんです」

「ふつうになった、ですか？」

「はい、ふつうになったみたいです」

「それは、喜ばしいことなのでしょうか」

「もちろんです」


ほとんどの人が、自分のコミュニケーションには問題はないと考えています。しかし、ほんとうのところ、まわりにどのような影響を与えているのか、まわりの人はどう思っているかについて、一度聞いてみる価値はあります。〈三分間〉の中で。


「話しやすい？」

「聞かれている感じはする？」

「わたしの言い方にはどんな特徴がある？」

「わたしは今、どんな表情をしている？」

2　いかにして変化を起こすか？

人は変化したがらない

多くの上司たちが、部下育成という名のもとに、思いどおりに動かない部下をなんとか変えようと試みます。しかし、そもそも人は変化したがらないものなのです。端から見たら、大きなチャンスだと思えるような変化でも、その変化を受け入れるかどうか、当の本人は、ずいぶん迷うものです。なぜなら、新しい行動や変化を嫌うのは、理性ではなく、感情だからです。頭ではわかっても、身体がついてきません。

一般に、変化のリスクは現状維持のリスクよりも大きいと考えられています。人が変わるとしたら、変化するよりも現状維持のほうにより大きいリスクがあると判断したとき、または、変化による報酬がリスクに見合うか、それ以上のときです。

ところで、変わりたがらない部下を変化させようと、いまだに使われているのが、いわゆる「アメとムチ」です。特定の行動に対して、個別のインセンティブを与えるわけです。しかし、この方法は、決して長続きしません。

次に、用いられているのが、部下の問題点を探し出し、それについてフィードバックするという方法です。フィードバックによって態度や行動の改善をうながすわけです。

しかし、これもなかなかうまくいきません。なぜなら、人間の脳は、「否定されている」と認識すると自動的に警告が鳴り、守りに入ってしまうようにできているからです。基本的に、批判や否定を受け入れない構造になっているのです。

この場合、フィードバックが決して否定ではなく、本人のためを思うものであっても、本人がそれを批判と受け止めれば、それは批判です。ただちに、防衛の体制に入ります。防衛の体制に入ってしまえば、すべてシャットアウト、それ以上のコミュニケーションは交わせないわけですから、変化もそこで止まります。

3秒間ナレッジ ㉛

人は、変化しないことのリスクが変化することのリスクを上回ったときしか、変わろうとしない。

いずれにしろ、ちょっとやそっとでは、人は変わりません。人が変わるためには、集中的、継続的、そして長期的な関わりが必要です。〈三分間コーチ〉が社内に根付けば、緩やかではありますが、確実に変化が現れます。

習慣を活用する

変わらなければいけないのは、上司も同じです。というよりも、変わらなければいけないのは上司なのです。上司が変われば、部下も自然に変わります。

人が変わろうとするとき、これまでは、とどのつまりが、セルフコントロールや自己鍛錬に頼ってしまいがちでした。そして、たいていの場合、うまくいきません。それよりも、わたしが最近、注目しているのは、新しい〈習慣〉をつくりだすことです。

スキルを身につけさせるよりは、スキルを自分から習得したくなるような環境や習慣をつくってしまうことです。

では、そもそも、どのような環境にあれば、目標は達成されるのか、部下は育つのか？

すると、そこには、例外なく、上司と部下がコミュニケーションを交わすという習慣、上司が部下について考えるという習慣があります。その〈習慣〉を活用することで、特別な努力を強いることなく、自分が発生させようとする変化に対応できるようになります。

もちろん、新しい習慣を身につけるのは簡単なことではありません。何のために部下について考え、部下とコミュニケーションするのか——その価値を、上司の一人ひとりが理解している必要があるでしょう。

さらに、〈継続〉です。何であれ、新しい〈習慣〉を身につけるには、習慣化する行動を具体的に決め、その行動を毎日繰り返し行うことが必要です。

具体的には、ここまで述べた、部下とコミュニケーションを交わす〈場面〉を事前に学習し、その〈場面〉で部下をコーチすることです。このことが〈習慣〉化されることで、目標の達成、部下の育成の実現はより現実的になるでしょう。

部下との関わりに価値をおく理由はいくつかあります。その代表的なものは、部下をうまくいかせることです。部下がうまくいくということは、上司である自分自身が、また組織全体がうまくいくことです。

マネジャーは、自分をうまくいかせるためにも、部下をうまくいかせる必要があるのです。

3　コーチ型マネジャーの時代

コーチ型マネジャーは何をして、何をしないか？

相手の能力を問いかけによって引き出し、その目標達成をうながすのが、コーチングのおもな働きです。ですから、プロのコーチは、たとえ問題解決をテーマにするときでも、クライアントに解決の方法をアドバイスしたり、解決を指示したりはしません。コーチがするのは、その問題について、いろいろな視点をもたらすことです。それによって、相手は、その問題と向き合い、その解決方法を見いだしていく。あるいは、問題とのつき合い方を知っていきます。

そして、今求められているのは、こうした方法で部下を指導する〈**コーチ型マネジャー**〉

です。〈コーチ型マネジャー〉が行う部下育成は、従来の指示命令型のマネジャーのそれとは異なります。教えるというより気づかせる。やらせるのではなく自発的にやり出すのを待つ。それが、基本です。

〈コーチ型マネジャー〉も、従来型のマネジャーと同様、部下の業務遂行、目標達成を導き、部下が業績を上げられるようにする責任を負いますが、それだけにとどまりません。それと並行して、部下に、コミュニケーション、仕事の知識、スキル、リーダーシップ、問題対応、セルフコントロール、関係構築などの能力を身につけさせていきます。

目の前の問題や課題を解決させる過程を通じて、どのような能力を身につけていけば、今後も、これらの問題や課題を自律的に処理できるようになるかについて推察し、その能力を身につけさせていこうとするわけです。

つまり、部下が自発的に学び、創意工夫し、より早くより大きな目標を達成し、より遠くまでいける能力を身につけさせようとするのです。

そして、それは、今後、個人と組織の双方が成長する唯一の方法だと思います。

シャドーイング

さて、英語の学習方法のひとつにシャドーイングというのがあります。これは、「影のようについていくこと」という意味で、英文を見ないで、先生の音読のあと、〇・五秒後ぐらいからすぐについて繰り返すという方法です。

ここで大事なのは、できるだけ先生の発音、リズム、イントネーションなどをまねすることで、おもに、リスニングやスピーキングに効果的な訓練法だとされています。

これと同じように、今、技術の伝授を受ける若手が、ベテラン社員に影のようにはりつき、その一挙手一投足を見逃さずに学んでいくという技術の訓練法が、アメリカの製造現場で用いられています。日本の造船会社でも、これと共通する手法を取り入れ、団塊の世代の技術者が、マンツーマンで若手の育成に取り組んでいるといいます。

これも〈**コーチ型マネジャー**〉が行う部下育成法のひとつです。

ある自動車販売会社で、店長の動きをずっとビデオに撮影し、それをあとで、店長といっしょに見ながら振り返りをする、というコーチングを実施したことがあります。特にコメントはせずに、ただいっしょにビデオを見るだけだったのですが、ビデオを再生して一分もしないうちに、店長は、叫びました。
「うわーーーーー、嫌な上司だねぇー。こんなヤツの下にいたくない！」

モデルとなる

部下は、上司を見ながら、上司が部下を育成する姿勢やコミュニケーションのとり方などを自然に学んでいます。無意識のうちに学んでいます。そのとき、上司のあなたは、部下にとってのモデル、学ぶべき「ロールモデル」です。

特にコミュニケーションのとり方については、そのまま学習します。また、視点を変える方法、問題のとらえ方、解釈の方法などについても、知らない間に、上司から学び、吸収し、そのまま使うようになります。

つまり、あなたが、部下に自分から学んでほしいと思っていることだけでなく、学ばないでほしいと思っていることも、あなたの意志とは関係なく、部下自身の意志とも関係なく、自然に受け継がれてしまうのです。あなた自身のあり方、仕事の仕方、考え方、コミュニケーションの仕方は、あなたが、ことばで部下に教えたことよりも、ずっと大きな影響を部下に与えているのです。

どうか、そのことを覚えておいてください。そして、ときどき、自分が部下に、どのような影響を与えているか、部下本人、また、ほかのスタッフに尋ねてみてください。

モデルは強い影響力を持ちます。それだけに、学習効果を上げるときに、モデリングは有効な方法になります。

部下に学習させようとするとき、ともすれば、知ること、理解することの価値やだれかに先んじることを推す傾向があります。いっしょに、身近にいる「モデル」を探したり、「同化」してみたいと思わせる対象を探すことは少ないものです。

けれども人間は、もともと、「モデル」をまねることによって、スキルや態度を学ぶことを得意としています。通常は、無意識のうちにモデルをまねていますが、モデルとなる人を話題にすることで、意識してモデルからさまざまなことを学び取ることができます。それをもう少し有効に使いたいものです。

「どの部分をモデルとしたい？」

「まねてみたいところは？」

「どういう違いがある？」


上司が〈三分間コーチ〉として部下と接しているとき、部下は、知らず知らずのうちに、自分が部下を持ったときに、どのように接するかについて学んでいるものです。部下と時間をとって話す、押しつけるのではなく会話するなど、そこで、部下自身も、部下育成の方法を学習しています。そのことを忘れないでください。

いいマネジャーは、そこまでやる！

車のディーラーのある店長が、新しい店舗に赴任するとき、まずやるのは、部下たちの不平、不満を徹底的に聞くことだそうです。ノートに、事細かに一つひとつていねいに書き取り、ログを残す。そして、部下の言ったことを一つひとつ、しらみつぶしに確認し、打てる手を打ちます。そうやって信頼感を勝ち取ったあと、次に、自分が彼らに何を期待しているのか、何をしてほしくて、何をしてほしくないかを伝えるのだそうです。

同じディーラーのもう一人の店長は、コーチングの研修を受けたあと、部下を徹底的に知っていこうと決めました。

そこで、十数人の部下の名前をノートに書き、毎日一人ひとりとどんな会話をしたかを書き留めていきました。一週間つけてみると、会話が少ない部下やまったくことばも交わしていない部下がいることがわかり、次の週は、会話の少なかった部下に、朝いちばんに声をかけるようにしたそうです。

その結果、部下の行動が変わりました。それまで疎遠になりがちだった部下から報告が増える、ベテランの部下が「若手の教育をします！」と言い始めるなど、急激に変化が現れたというのです。

また、別のマネジャー、ある事務機メーカーの営業部長のお話です。ある朝、彼は、朝礼の最後に一人の部下の名前を呼びました。

「鈴木」

「何ですか？」

「今日は早く帰れよ」

「はあ、なんでですか？」

「今日はお前の誕生日だろう」


部下の誕生日を知っていることはやはり大切だと思います。そして、部下の家族の誕生日も知っていたら、もっといい。

そこまで、やる必要はあるのだろうかって？

必要があるかどうかはわかりません。ただ、いいマネジャーはそこまでやります。そして、彼らの特徴は徹底しているというところにあります。

ドイツのマックス・デルブリュック分子医学研究センターのゲルト・ケンバーマン博士らのグループが行ったマウスを使った実験によれば、広いケージの中に、チューブなどの玩具を入れた豊かな環境でマウスを育てた場合と、そうしたものは置かない環境でマウスを育てた場合では、新生する神経細胞の量が五倍も違うそうです。もちろん、多いのは、刺激の多い、豊かな環境で育てたマウスのほうです。

創造性は、既成概念を超えるところに生まれます。では、既成概念は、どのように超えていくものなのでしょうか？

このある意味、永遠のテーマともいえる課題に、わたしは、コーチングの実践の過程で得た、ひとつの仮説を持っています。それは、ＦＵＮ、つまり、楽しさ、おもしろさです。

外から与えられる、おもしろさ、楽しさもあります。けれども、それだけではなく、そこには、今、ここを、楽しくおもしろいものにしていく、という意味もあります。

実際、人が成長し、パフォーマンスを上げるとき、いつもそこには、楽しさとおもしろさがともないます。

部下との間に、そして、その場に、楽しさ、おもしろさをつくり出していける人、そのなかで、部下を育て、組織の成長に貢献する、それが、〈**コーチ型マネジャー**〉であり、これからのリーダーだと思います。

3秒間ナレッジ 32

人は、楽しさのなかで成長する。

部下について考える時間。
部下と〈**コーチング・カンバセーション**〉を交わす時間。

この二つの時間は連動して機能します。

部下を有能にして、会社全体を成長させます。また、部下について考え、コーチする上司も有能にします。

会社という身体に、コミュニケーションという神経が通い、シナプスが増え、みんなが有能になる。〈三分間コーチ〉、すなわち〈コーチ型マネジャー〉の存在によって、会社全体が有能になっていくでしょう。

あとがき

　わたしが、はじめてアメリカからコーチングという新しい人材育成手法を我が国に紹介してから、十数年が経ちました。当初は、コーチといえば、スポーツコーチ。自己紹介すると、高知県の団体だと思われたというスタッフもいる状況でした。

　それが今、コーチングは、もはや一般的なことばとなり、内外を問わず、ヒューマン・リソース・マネジメント系の本を開けば、リーダーやマネジャーは当然、コーチングのスキルを持っているという前提のもとに、さまざまな人材開発のための手法や思想が述べられています。

　こうしたなかで、コーチングのいちばんの進化形であり、現在考えうるもっとも効果的で持続可能なマネジメント手法として、この〈**三分間コーチ**〉を本書でご紹介できることをたいへんうれしく思います。

さて、この〈三分間コーチ〉の源流は、二〇〇三年から自社内で実験的に始めた試みにあります。当初は、毎朝朝礼のあとにコーチたちがお互いに、コーチとクライアント役に分かれて、交互に五分間ずつのコーチングを行っていました。おもに、その日の予定を確認したり、目標の確認、ビジョンを明確にする、未完了になっていることを棚卸しするなど、業務の遂行に関することをテーマにしたものでした。

最初の一、二ヵ月は、特に大きな変化は見られませんでした。しかし、半年、一年と経つうちに、随所に変化が見られるようになってきたのです。

- 仕事に対する優先順位がはっきりする。
- 午前中の使い方が変わった。
- 目標に対する意識が高まる。
- 朝、コーチングを受けることで、集中が高まる。
- 何から手をつけるかがはっきりする、そこで時間を無駄にしない。

・行動に対する迷いがなくなる。
・コーチングのスキルが上がる。
・案件について話していて、そのまま営業につながった。
・立ち話でここまでクリアになるかと思った。
・朝から、考えて出社するようになった。

今日やる仕事の内容を、自分のことばで話す機会がある、ただそれだけのことで仕事の質も量も増大しました。その結果、会社全体のパフォーマンスは、目に見えて上がっていきました。

人に自分のやっていることを、話せるようになるためには、自分がそれについて十分理解していなければなりません。話すことを通して、自分の業務についての理解も、自然と深まったからなのでしょう。

さらに、お互いの状態を知ることで、協力的な関係も築かれました。朝の五分間のコーチングによって、もともと明るかった会社がさらに明るく、風通しがよくなったように思います。

その後、このコーチングの効果を上げるために、いくつかの手法を導入してみました。たとえば、今日やることをカードに書いて、帰り際に、それがどれだけ実行されたかを確認する、時間を延長する、コーチに対する評価システムを導入する等々。

ところが、その結果、コーチングの雰囲気は重くなりました。重くなると、毎日のコーチングは、すこしずつ敬遠されるようになってしまい、とうとう一時中断することになってしまいました。

そして、次に再開したのは一年以上も経ってからでした。

けれども、再開後は、どんどん進化していきました。時間を決めず、気がついたら、すぐその場でコーチング、というのも、その中から生まれました。そうしているうちに、五分もいらない、三分でもできる、場合によっては一分でもできる、ということになりました。そして、本書でご紹介したような形へと、さらに、進化していったのです。

さて、再開の理由は、一人のスタッフから「五分間コーチング、またやりましょうよ」という声があがったからでした。そのスタッフはわたしに言いました。

「最初のころ、やっていて、話すことが楽しかった」と。

「会話することは楽しい」

そのことばが心に残りました。


そこに、たったひとつの正しい答えを求めてしまうとき、会話はつまらないものになってしまいます。それより、「会話することは楽しい」というその思いが、真に、人の自発性や自律性を引き出すのだと思います。

「会話は楽しい」、その感じこそ、コーチングにおいて、もっとも大切なセンスです。


なお、本書で取り上げた事例は、わたしどものプログラムを受講された方から伺った話であり、また、随所にあげた項目は、クライアント企業の方々のご協力を得て、今回本書のためにリサーチして得たものです。

また、本書の執筆にあたっては、多くの方にご協力をいただきました。

特にディスカヴァーの干場さん、彼女は常に最高の「ライティングコーチ」であり続けてくれました。

また、鈴木さん、中島さん、斎藤さん、福島さん、稲場さん、青木さん、宮本さん、竹下さん、桜井さん、平野さん、本間さん、戸田さん、磯村さん、林さん、花木さん、谷口さんをはじめとする株式会社コーチ・トゥエンティワン、株式会社コーチ・エィのコーチ陣のみなさん、彼らは、わたしの原稿やアイデアにリアルタイムなフィードバックを通して参加してくれました。

そして、ＣＴＰ（コーチ・トレーニング・プログラム）受講者のみなさま、コーチング導入企業のみなさまにも感謝いたします。みなさまの現場でのコーチング実践が、コーチングを日本のビジネスシーンに確実に定着させています。

この場を借りまして、コーチングに関わる、すべてのみなさまに感謝申し上げます。

二〇〇八年立春

伊藤　守

本書に共感してくださった方に
著者お勧めのブックリスト

オルフェウス　プロセス
ハーヴェイ・セイフター&ピーター・エコノミー著　鈴木主税訳　角川書店

戦略的質問78
C・クラーク・エプスタイン著　コーチ・エィ監修　金井真弓訳　ディスカヴァー

コーチング・マニュアル
S・ソープ&J・クリフォード著　コーチ・トゥエンティワン監修　桜田直美訳　ディスカヴァー

会話のマネジメント
M・コノリー&R・リアノシェク著　コーチ・エィ監修
ディスカヴァー・クリエイティブ訳　ディスカヴァー

場と共創
清水博編著　久米是志・三輪敬之・三宅美博共著　NTT出版

ヒトデはクモよりなぜ強い
オリ・ブラフマン&ロッド・A・ベックストローム著　糸井恵訳　日経BP社

したたかな生命
北野宏明・竹内薫著　ダイヤモンド社

リーダーシップは教えられる
シャロン・ダロッツ・パークス著　中瀬英樹訳　ランダムハウス講談社

会話・言語・そして可能性
ハーレーン・アンダーソン著　野村直樹・青木義子・吉川悟訳　金剛出版

ゆとりの法則
トム・デマルコ著　伊豆原弓訳　日経ＢＰ社

格差社会スパイラル
山田昌弘・伊藤守著　大和書房

脳は意外とおバカである
コーデリア・ファイン著　渡会圭子訳　草思社

小さなチームは組織を変える
伊藤守著　講談社

出現する未来
ピーター・センゲ＆Ｃ・オットー・シャーマー＆ジョセフ・ジャウォースキー＆ベティー・スー・フラワーズ著　野中郁次郎監訳　高遠裕子訳　講談社

わかったつもり
西林克彦著　光文社

ウィーン・フィル　音と響きの秘密
中野雄著　文芸春秋

株式会社コーチ・エィ

100名を超えるコーチを擁する世界でも最大規模のコーチング・ファーム。グローバルにも活動を展開しており、ニューヨーク、上海、香港、シンガポールに拠点をもつ。企業・組織を対象に、エグゼクティブ・コーチングをはじめ、リーダーシップ開発、組織変革を手がける。IT、医療・医薬品、製造、流通、電力、通信、保険・金融など、業界を問わず約1500社に及ぶ企業への導入実績を誇る。

http://www.coacha.com/
電話　03-3237-9779

ひとりでも部下のいる人のための
世界一シンプルなマネジメント術
3分間コーチ

発行日　2008年3月15日　第 1 刷
発行日　2015年3月10日　第12刷

Author　伊藤 守
Book Designer　遠藤陽一（Design workshop JIN）
Illustrator　谷山彩子
Publication　株式会社ディスカヴァー・トゥエンティワン
〒102-0093　東京都千代田区平河町2-16-1 平河町森タワー 11F
TEL　03-3237-8321（代表）
FAX　03-3237-8323
http://www.d21.co.jp

Publisher &Editor　干場弓子

Marketing Group
Staff　小田孝文　中澤泰宏　片平美恵子　吉澤道子　井筒浩　小関勝則
千葉潤子　飯田智樹　佐藤昌幸　谷口奈緒美　山中麻吏
西川なつか　古矢薫　伊藤利文　米山健一　原大士　郭迪
松原史与志　蛯原昇　中山大祐　林拓馬　安永智洋　鍋田匠伴
榊原僚　佐竹祐哉　塔下太朗　廣内悠理　安達情未　伊東佑真
梅本翔太　奥田千晶　田中姫菜　橋本莉奈

Assistant Staff　俵敬子　町田加奈子　丸山香織　小林里美　井澤徳子　橋詰悠子
藤井多穂子　藤井かおり　葛目美枝子　竹内恵子　熊谷芳美
清水有基栄　小松里絵　川井栄子　伊藤由美　伊藤香　阿部薫
松田惟吹　常徳すみ

Operation Group
Staff　松尾幸政　田中亜紀　中村郁子　福永友紀　山﨑あゆみ
杉田彰子

Productive Group
Staff　藤田浩芳　千葉正幸　林秀樹　石塚理恵子　三谷祐一　大山聡子
大竹朝子　堀部直人　井上慎平　松石悠　木下智尋　伍佳妮
張俊崴

Proofreader　株式会社文字工房燦光
DTP　アーティザンカンパニー株式会社
Printing　中央精版印刷株式会社

ISBN978-4-88759-625-2